❯ Liebe Leserin, lieber Leser,

mit diesem Low-Budget-Führer erleben Sie große Kultur, Shopping-touren und das Wiener Leben für wenig Geld. Wien hat imperialen Charme – bei einer Fahrt mit der Straßenbahnlinie 1 können Sie ihn kennenlernen. Und Wien ist jung geblieben: Folgen Sie uns in günstige Hotels mit innovativem Konzept und in Clubs mit angesagten DJ-Lines, verrückten Nachwuchsbands und langen Jazznächten. Viele Museen bieten am Sonntag freien Eintritt, und rund ums Jahr gibt's zahlreiche klassische und alternative Kulturevents zum Nulltarif – gerade während der Sommermonate. Die österreichische Hauptstadt bietet eine Top-Küche zu oft sehr bodenständigen Preisen. Und auch Familien erleben an der Donau jede Menge Abwechslung, ohne viel Eintritt bezahlen zu müssen. Die Stadt lernen Sie dabei bestimmt von ihren spannendsten Seiten kennen. Denn: Wo es gut und günstig ist, treffen sich auch die Wiener. Wir zeigen Ihnen, wo's langgeht an der Donau.

Viel Spaß beim Entdecken
wünscht Ihnen Ihr MARCO POLO Team

UNSER AUTOR

WOLFGANG RÖSSLER musste an einem regnerischen Novembernachmittag im Cafe Weidinger verblüfft feststellen, dass er sich in Wien zu Hause fühlt. Ursprünglich kommt er aus Kärnten, wo er für eine Lokalzeitung über Politik berichtete. Jetzt lebt und arbeitet er als freier Journalist und Autor in Wien. Kontakt: www.wolfgangroessler.com.

SYMBOLE:

 MARCO POLO INSIDER-TIPPS
Von unserem Autor Wolfgang Rössler
für Sie entdeckt

 KOSTENLOS
Hier zahlen Sie keinen Cent!

INHALT

CLEVER!
Sparfüchse aufgepasst! Mit diesen Tipps und Tricks können Sie zusätzlich Geld sparen oder etwas Besonderes erleben

LUXUS LOW BUDGET
Edles echt günstig! Ob Hotel-Suite, Gourmet-Lunch oder Designer-Outfit. Gehen Sie mit uns auf Schnäppchenjagd

TOP 10

> Kostenlos ins 21er Haus, Schokolade kiloweise, ein Restaurant, in dem Sie die Höhe der Rechnung selbst bestimmen – zehn Dinge, die Sie in Wien nicht verpassen sollten

Insider Tipp — AUSSTELLUNGSERÖFFNUNG 21ER HAUS  [150 A3]

Betreten Sie das Museum moderner österreichischer Kunst im Rahmen einer Ausstellungseröffnung, ist der Eintritt frei! *(S. 24)*

Insider Tipp — BURGTHEATER [132 B1–2]

Wer Traditionelles, Klassisches und Skandalöses auf der Bühne erleben möchte, muss nicht tief in die Tasche greifen: Stehplatz-Karten gibt's für 3,50 Euro, Restkarten eine Stunde vor Vorstellungsbeginn um 25 Prozent ermäßigt *(S. 31)*

Insider Tipp — VORORTELINIE S 45 [0]

Mit der Schnellbahn durch die Wiener Vororte: Genießen Sie die schöne Aussicht und das besondere Design der vom Wiener Stararchitekten Otto Wagner entworfenen Haltestellen *(S. 39)*

Insider Tipp — FREE WALKING TOUR [132 C3]

Sparen Sie sich das Geld für eine teure Stadtführung. Die Guides von Good Vienna Tours lotsen Sie durch die geheimen Ecken der Wiener Innenstadt – für ein Trinkgeld. Wie hoch das ausfällt, entscheiden Sie am Ende selbst *(S. 42)*

Insider Tipp — DER WIENER DEEWAN [143 D1]

Bezahlen Sie einfach, was Sie wollen! Das pakistanische Restaurant bietet ein Buffet mit sehr schmackhaften Currys. Der Gag: Es gibt nur

DIE BESTEN LOW BUDGET
INSIDER-TIPPS

für Take-aways und Getränke Fixpreise, für das Buffet nicht (S. 65)

 SLY & ARNY [138 C4]

Hier sind nicht nur die Cocktails günstig, auch das Esssen ist fast geschenkt: Im Sly & Arny zahlen Sie für eine Pizza Margarita aus dem Holzofen gerade einmal schlappe 4 Euro, der legendäre Elvis-Burger kommt ebenfalls auf 4 Euro. Und es schmeckt! (S. 69)

 MANNER [0]

Naschen bis zum Abwinken: Schokobananen und anderes zum Schnäppchenpreis! Der Süßwarenhersteller Manner verkauft ab Werk Bruchware: ein Kilo ab 2 Euro (S. 86)

 WIRR/CLUB DUAL [142 B3]

Coole Mischung aus Beisl und Lounge. Das Wirr und der Club Dual

im Keller bieten abstrakte Kunst und Alpenpanorama an den Wänden, bio-bewegte Köche, tolle DJs und schräge Tanzpartys zu sehr verträglichen Preisen (Eintritt 5 Euro) (S. 94)

 WOMBAT'S THE LOUNGE & @ THE NASCHMARKT [143 D5]

Jüngster Ableger der Wombat's-Kette. Markenzeichen: charmante Mischung aus Hotel und Jugendherberge. Mit Lounge, Bar, Internet-Terminals und All-you-can-eat-Frühstücksbuffet (S. 111)

 ROBINSON-INSEL  [135 D1]

Natur spielerisch erleben mit den Wiener Kinderfreunden. Verborgene Wege und Schlupfwinkel entdecken. Oder doch Rätselrally, Schatzsuche und Geländespiele. Erst Abenteuer erleben, dann gemeinsam das Lagerfeuer genießen (S. 124)

> So behalten Sie den Überblick: die besten Aussichten, die günstigsten Tickets, Citybikes & Kultur

Manche geschichtsbewussten Wiener fühlen einen Stich in der Brust, wenn sie in die Gegend rund um die Hofburg kommen. Die pompösen Gebäude, die Fiaker und das Wiehern der berühmten Lippizzaner von der nahen Hofreitschule erinnern heute noch an den imperialen Glanz alter Zeiten. Nicht umsonst hat die UNESCO die Altstadt als Ganzes zum Weltkulturerbe ernannt. Für Sie als Besucher ist die Gegend zwischen Stephansdom und Hofburg der ideale Ausgangspunkt. Die Sehenswürdigkeiten liegen nur Gehminuten voneinander entfernt. Und dann lassen Sie sich einfach treiben. Ein Auto benötigen Sie in Wien nicht, der öffentliche Verkehr ist gut ausgebaut, ein Tagesticket kostet 8 Euro. Am besten, Sie springen in die Straßenbahn. Mit den Linien 1 und 2 lässt sich die Stadt bequem erkunden. Gerade wenn Sie länger bleiben, lohnt sich der Kauf einer Vienna City Card mit zahlreichen Ermäßigungen: in Museen, aber auch in manchen Restaurants und Shops. Wie Sie sich über aktuelle Angebote in der österreichischen Hauptstadt informieren können, wo Sie gratis im Internet surfen und wie Sie für kleines Geld ein Fahrrad mieten, erfahren Sie auf den folgenden Seiten.

START IN DIE STADT

IM AUTO

Am günstigsten ist eine Mitfahrgelegenheit. Dazu müssen Sie niemanden kennen, man findet sich nach einer kostenlosen Registrierung online. Schauen Sie unter *www.blablacar.de* oder *www.fahrgemeinschaft.de.* Oder wollen Sie unbedingt selbst fahren? Dann empfiehlt sich eine Park-and-Ride-Garage am Stadtrand für 3,40 Euro/Tag *(www.parkandride. at).* Denn an der komplizierten Kurzparkzonenregelung scheitern sogar manche Einheimische. Mehr Infos dazu siehe „Parken" (S. 11).

PER BAHN

Bahnfahren muss nicht teuer sein. Vorausgesetzt, Sie sind flexibel und kümmern sich rechtzeitig um ein Ticket. Die Deutsche Bahn und die österreichische ÖBB locken mit günstigen Angeboten. Mit dem Europa-Spezial- bzw. dem Spar-Schiene-Angebot finden Sie als Frühbucher Direktverbindungen von deutschen Städten nach Wien ab 29 Euro – sogar nachts im Schlafwagen. Auch ein Blick auf die Webseite von Regiojet lohnt sich: Die junge tschechische Privatbahn bietet Fahrten zum Schnäppchenpreis. Infos, auch zu den Buchungsfristen: *www.bahn.de, www.oebb.at, www.regiojet.de, www. regiotours.net.*

PER FERNBUS

Besonders günstig kommen Sie mit dem Bus nach Wien. Inzwischen gibt

es eine Vielzahl von Anbietern mit Direktverbindungen zwischen allen größeren europäischen Städten – oft schon ab 10 Euro. Buchen können Sie online, etwa unter *www.flixbus. de*, *www.eurolines.de*, *www.fernbus se.de* oder *www.regiojet.de*. Unter *www.busliniensuche.de* können Sie Preise und Ankunftszeiten vergleichen. Es lohnt sich! Achten Sie auch darauf, wo Sie ankommen: Beim Hauptbahnhof und der Station Erdberg beispielsweise gibt es eine gute U-Bahn-Anbindung in die Innenstadt. Das spart Zeit und Kosten.

PER FLUGZEUG

Der schnellste Weg muss nicht der teuerste sein. Von den meisten großen deutschen und Schweizer Städten aus können Sie täglich nach Wien fliegen. Easyjet und Eurowings bieten Tickets unter 100 Euro. Auch bei Lufthansa, Swiss und Austrian finden Frühbucher Schnäppchen: *www.easy jet.com*, *www.eurowings.com*, *www. austrian.com*, *www.swiss.com*, *www. lufthansa.de*, *www.skyscanner.com*.

FLUGHAFENTRANSFER

Finger weg vom Flughafenbus, dem CAT (City Airport Train) und den Taxis vom Eingang. Viel zu teuer! Machen Sie es wie die Einheimischen: Am günstigsten kommen Sie mit der von der ÖBB betriebenen S-Bahn vom Flughafen Schwechat ins 19 km entfernte Stadtzentrum, und das Ticket gilt auch für die direkte Weiterfahrt mit den Öffis in Wien. Die S-Bahn fährt im Halbstundentakt, die Station liegt direkt unter der Ankunftshalle. *Einzelfahrt 4,10 Euro oder Anschlussticket ans Tagesticket 1,70 Euro | Fahrtdauer 25 Min. | Betrieb tgl. ca. 4.30–23.30 Uhr | www.wienerlinien.at, www.oebb.at*

IN WIEN UNTERWEGS

ÖFFENTLICHE VERKEHRSMITTEL

Als preisbewusster Nachtvogel holen Sie sich ein Öffi-Ticket der Wiener Linien für ein bis zwei Tage oder eine ganze Woche. Das 24-Stunden-Ticket für die Kernzone Wien kostet 8 Euro, 48 Stunden kosten 14,10 Euro und eine Wochenkarte 17,10 Euro. Die Tickets gelten wirklich rund um die Uhr: Unter der Woche fahren nach Mitternacht regelmäßig Nachtbusse; freitags, samstags und vor Feiertagen fährt die U-Bahn durchgehend. Wenn Sie nicht nur an Party, sondern auch am kulturellen Angebot der österrei-

Bild: Zur Peterskirche kann man sich auch kutschieren lassen

chischen Hauptstadt interessiert sind, sollten Sie sich unbedingt eine Vienna City Card zulegen (S. 15). Fahrkarten bekommen Sie an allen U-Bahn-Stationen, bei diversen Vorverkaufsstellen der Wiener Linien, in Trafiken (Tabakläden) und direkt am Flughafen Wien-Schwechat. Alle Öffi-Tickets sowie die Vienna City Card können Sie unter *www.wienerlinien.*

at auch online über PC oder Smartphone buchen und bezahlen.

CITYBIKE [132 C2]

🐷 Gratis radeln? Ja, das geht in Wien. Die Stadtverwaltung hat ein Leihradsystem mit rund 120 Stationen eingerichtet. Dort kann man ein „Citybike" mieten, damit quer durch die Stadt fahren und es an einer ande-

Kein Fall für Antriebslose – mit dem Citybike quer durch die Stadt

ren Station wieder zurückgeben. Kostenlos ist das allerdings nur für die erste Stunde, danach fällt eine Gebühr an. Der Trick besteht also darin, innerhalb einer Stunde das Rad zurückzugeben – um nach einer viertelstündigen Pause ein neues auszuborgen. Die einmalige Anmeldegebühr in Höhe von 1 Euro wird Ihnen für Ihre Fahrten gutgeschrieben. *Kostenpflichtige Hotline 0810 50 05 00 | www.citybikewien.at*

MIETWAGEN UND UBER

Wenn Sie doch mal schnell ein Auto brauchen, ist das Angebot von car2go recht günstig: Nach einer Anmeldegebühr von 9 Euro können Sie einen Smart für 0,31 Euro pro Minute oder 69 Euro pro Tag mieten – inklusive Sprit und Versicherung, ein Fünf-Sitzer-Mercedes kostet 0,35 Euro/Min. bzw. 99 Euro/Tag *(www.car2go.at)*. Etwas teurer ist DriveNow, dort haben Sie die Auswahl zwischen BMW und Mini *(www.drive-now.com)*. Bei beiden Anbietern können Sie den Wagen irgendwo im Geschäftsgebiet abstellen und dort die Miete beenden. Immer populärer wird auch die günstige, private Taxi-Alternative Uber *(www.uber.com)*.

PARKEN

Idealerweise lassen Sie Ihr Auto für die Zeit Ihres Wienaufenthalts am Stadtrand stehen und wählen den Fußweg oder öffentlichen Verkehrsmittel. Die Webseite *www.parken.at* informiert umfassend über Themen wie Kurzparken, Dauer- und Nachtparken, Park & Ride, Parkleitsystem, Blaue Zonen. Außerdem gibt es viele Informationen zu den örtlichen Parkgaragen, z. B. die Tarife, einen Orientierungsplan, Öffnungszeiten und Hinweise zur Sicherheit. Gedruckt gibt's diese Infos in der Parkfibel *(zu bestellen über Tel. 5 14 50 35 72 oder gts@wkw.at)*.

WOHIN ZUERST?

MIT DER BIM RUND UM DEN RING

Günstig und genial einfach: Den ersten Eindruck von Wien verschaffen Sie sich am besten bei einer ganz normalen Straßenbahnfahrt über die Ringstraße. An Bord der Linie 1 fahren Sie bequem und mit bester Aussicht zwischen Karlsplatz und Praterwiese und entdecken dabei das halbe historische Wien: Burgtheater, Universität, Staatsoper, Parlament und Rathaus. Linie 2 deckt die Ostroute von der Urania über Stuben-, Park-

und Schubertring bis zum Rathaus ab. Tipp: Fahren Sie unter der Woche außerhalb der Rushhour, also nicht zwischen 7.30 und 9 bzw. 16.30 und 18 Uhr, um in aller Ruhe und mit Sicherheit von einem Sitzplatz aus das Panorama zu genießen.

PANORAMABLICKE

Lust auf Wien von oben? Riesenrad, Stephansdom oder ein Dinner im drehbaren Restaurant des Donauturms kosten Geld. Aber es gibt auch frei zugängliche Panoramapunkte, die ebenso spektakuläre Perspektiven auf die Stadt eröffnen:

HAUPTBIBLIOTHEK 🐷 [142 A4]

Vom Oberdeck dieses relativ jungen futuristischen Bücherschiffs reicht der Blick über die Dächer der westlichen Vororte bis weit über den Wienerwald und Richtung Süden zu den Wolkenkratzern am Wienerberg. Die Dachterrasse ist über die breite Freitreppe rund um die Uhr zugänglich. Kostenlos benutzbar und spannend ist auch die moderne, mehrstöckige Bibliothek. Sie verfügt über riesige Bestände, Internet- und Audioplätze, Lesenischen und ein Café, durch dessen Panoramascheiben Sie in die Ferne blicken. *Eintritt frei | Bücherei und Café Oben: So–Do 10–23, Fr/Sa 9–23 Uhr, Brunch: So 10–15 Uhr | Urban-Loritz-Platz 2A | Tel. 5 22 72 68 | U6, Straßenbahn 49, 6, 9, 18 Urban-Loritz-Platz | 7. Bezirk*

LEOPOLDSBERG 🐷

Ein besonderes Panorama auf die ganze Stadt Wien und den Donaustrom bis zu den Karpaten hin genießen Sie von diesem alleröstlichsten Ausläufer des Alpenbogens. Wo sich vor 900 Jahren der Babenberger Graf Leopold III. eine Burg bauen ließ (die im Wesentlichen bis heute erhalten blieb), schaut man talwärts in Richtung Donau und versteht plötzlich, weshalb diese zwischen Ungarischer Tiefebene und Voralpenland gelegene Stadt schon immer strategisch so wichtig war. Im Anschluss empfiehlt sich der Spaziergang vom Leopoldsberg, erst auf Waldwegen, später durch die Weinberge, hinunter bis in den Heurigenort Grinzing. *Frei zugänglich | Bus 38A ab U4 Heiligenstadt bis Endstation | 19. Bezirk*

OBERES BELVEDERE 🐷 [150 A1]

Ein Panorama für Nostalgiker: Schon Bernardo Bellotto alias Canaletto hat

Insider Tipp

um 1760 den Traumblick vom Oberen der beiden Barockschlösser Prinz Eugens auf Leinwand gebannt – zu bewundern in der Gemäldesammlung des Kunsthistorischen Museums. Die berühmte Ansicht der Innenstadt hat sich seit damals nur wenig verändert. Der Blick vom Oberen Belvedere über die kunstvoll bepflanzten Terrassen des Schlossgartens auf das Dächermeer der City mit dem Stephansdom in der Mitte präsentiert sich nach wie vor fast so schön wie in Öl gemalt. *Eintritt frei | Öffnungzeiten Garten: tgl. je nach Saison frühestens ab 6.30, spätestens bis 21 Uhr | Prinz-Eugen-Str. 27 | Straßenbahn D Oberes Belvedere | 3. Bezirk*

KAUFHAUS STEFFL 🐷 [133 D3]

Ein Kaffee in der Skybar, um den Blick zu genießen? Muss nicht sein! Die Aussicht auf die Innenstadt vom Dach des Nobelkaufhauses Steffl bekommen Sie ==kostenlos, wenn Sie mit dem Außenlift== nach oben fahren und von der Plattform aus das Treiben auf der Kärntner Straße beobachten. *Mo–Fr 10–2, Sa 9.30–2, So/Fei 11–2 Uhr | Kärntner Str. 19 (Zugang durch das Kaufhaus oder direkt via*

Insider Tipp

Panoramalift) | Tel. 5 13 17 12 | www. steffl-vienna.at/de/skybar | U1 Stephansplatz | 1. Bezirk

INFORMATIONEN

ÖSTERREICH WERBUNG

Die Österreich Werbung ist Österreichs nationale Tourismusorganisation. *In Deutschland, Österreich und der Schweiz: Mo–Fr 9–13 Uhr | Tel. 08 00 40 02 00 00 (kostenfrei) | www. austria.info*

STADTBEKANNT

Ein hippes Online-Magazin ist der junge Wien-Blog *www.stadtbekannt. at*. Hier finden sich lokale Insidertipps zu Themen wie Essen, Trinken, Shoppen, Lifestyle und Kultur. Historische Fakten und Fun-Facts werden mit Wiener Schmäh vermittelt. Die „Grätzltipps" geben geheime Ideen für jede Ecke der Stadt. Für Schnäppchenjäger besonders interessant: Es gibt ==regelmäßig Gewinnspiele== mit attraktiven Preisen.

Insider Tipp

VORMAGAZIN 🐷

Stadtbummel: abgehakt. Sehenswürdigeiten: abgehakt. Und nun? Um zu erfahren, was sich aktuell tut, lohnt sich ein Blick in das VORmagazin.

Gratisexemplare dieser Zeitschrift werden jeweils am ersten Dienstag im Monat in Bussen, Straßen- und U-Bahnen zur Lektüre ausgehängt. Dort finden Sie neben allerhand Tratsch und Klatsch auch einen aktuellen Veranstaltungskalender, der alle wichtigen Konzerte, Theaterveranstaltungen, Kabarettabende und vieles mehr auflistet. Ein Blick auf die Webseite *www.vormagazin.at* kann Geld sparen: Dort werden ==Gratis-== ==tickets verlost.==

Insider Tipp

WIEN TOURISMUS INFO 🐷   [133 D4]

Sehr gut und informativ sind die diversen Gratisbroschüren und Programmhefte, die der Wiener Tourismusverband herausgibt: etwa das halbjährliche Kulturjournal, ein Stadtplan mit Museenliste, ein Hotel-Guide, monatlich ein komplettes Veranstaltungsprogramm und Broschüren zu Themen wie Essen & Trinken, Shopping, Grünes und sportliches Wien, Familie u. v. m. Bestellbar bzw. erhältlich vorab unter *Tel. 2 45 55* bzw. *info@wien.info*, im nächstgelegenen Büro der Österreich Werbung oder vor Ort in folgenden beiden Büros von Wien Tourismus: *Tourist-Info Wien: tgl. 9–19 Uhr |*

Albertina/Maysedergasse (hinter der Staatsoper) | Tel. 2 45 55 | U 1, 2, 4 Karlsplatz | 1. Bezirk (Tipp: hier gibt es tgl. von 14 bis 17 Uhr für ausgewählte Wiener Bühnen um bis zu ==*50 Prozent verbilligte Last-Minute-*== ==*Tickets!*==*); Tourist-Info Flughafen Wien: tgl. 7–22 Uhr (Wien-Hotels & Info: tgl. 9–19 Uhr) | Ankunftshalle*

Insider Tipp

INTERNET & TELEFON

MULTI MEDIA STATIONS

An mehr als 500 öffentlich zugänglichen Standorten ermöglichen diese High-Tech-Telefonzellen den 🐷 kostenfreien Online-Zugang zu den Seiten der Stadt Wien, darunter auch zur Touristeninformation. Per Kleingeldeinwurf kann man zudem telefonieren, unbeschränkt im Internet surfen, SMS und E-Mails versenden und Telefonate mit gleichzeitiger Videoübertragung führen. 🐷 Mit den Servicestellen der Stadtverwaltung telefoniert man von hier aus übrigens kostenlos.

PUBLIC INTERNET 🐷

Diverse Einrichtungen, u. a. viele Cafés, bieten die Möglichkeit, sich mit dem eigenen Laptop, Tablet oder Smartphone über WLAN drahtlos ins

Internet einzuloggen. An mittlerweile mehr als 1000 speziellen Orten, so genannten Hotspots, ist über den WLAN-Provider Freewave die Nutzung kostenlos. Eine Übersicht finden Sie unter *www.freewlan.at/wien*. Am Rathausplatz oder auf der Piazza Mariahilferstraße melden Sie sich mit ihrer Handynummer an, erhalten einen Code per SMS und können gratis unlimitiert surfen (allerdings mit eingeschränkter Bandbreite). Auch die Verkehrsbetriebe Wiener Linien bieten an zentralen Stationen wie Karlsplatz, Stephansplatz und Westbahnhof gratis WLAN. Das kostenlose Angebot wird ständig ausgedehnt.

TELEFONVORWAHLEN

Die Vorwahl von Wien aus dem Ausland ist +431, aus dem Inland 01. Österreichische Handynummern beginnen mit +43 6 bzw. 06.

VERGÜNSTIGUNGEN & GUTSCHEINE

VIENNA CITY CARD

Mit der Wien-Karte kann man für 17 Euro nicht nur 24 Stunden lang beliebig oft alle Öffis in der Kernzone Wien nutzen, sondern erhält auch in den meisten wichtigen Museen und Sehenswürdigkeiten sowie bei Führungen, Rundfahrten, in Shops, Restaurants und Kneipen – teilweise erhebliche – Ermäßigungen. In der teureren Variante (32 Euro) ist die Fahrt mit dem Hop-on-Hop-off-Bus inkludiert. Für längere Trips empfiehlt sich eine Zwei- (25/37 Euro) oder Dreitageskarte (29/41 Euro). Die Vienna City Card ist samt Couponheft am Flughafen, in vielen Hotels, den Touristeninformationen oder den Vorverkaufsstellen der Wiener Linien erhältlich sowie online unter *www.viennacitycard.at*.

SNIPCARDS 🐷

Insider Tipp

Halten Sie im Lokal Ihres Vertrauens Ausschau nach einem Ständer mit bunten Kärtchen im Kreditkartenformatm, es sind gewissermaßen Rabattmarken 2.0. Auch in Kinos, Hotels oder Tankstellen werden Sie mit etwas Glück fündig. Vom Gewinnspiel, über den vergünstigten Eintritt im Museum bis zur Einkaufsermäßigung: Die individuell gestalteten Ständer sind eine Fundgrube für Schnäppchenjäger. Viele Kärtchen lassen sich auch ganz bequem online einlösen. *www.snipcard.at*

TOP **10**

> Das sollten Sie nicht verpassen! Auch wenn der eine oder andere Eintritt nicht den Geldbeutel schont – diese Sehenswürdigkeiten gehören zu Wien einfach dazu

1 BELVEDERE [150 A1/2]

Ihnen fällt bei österreichischer Malerei nur Klimt und Schiele ein? Erweitern Sie Ihren Horizont im barocken Belvedere! Wo Prinz Eugen sein Sommerlager aufschlug, hängt nun Kunst aus acht Jahrhunderten. *Ab 13 Euro | Sa–Do 9–18, Fr 9–21 Uhr | Tel. 79 55 71 34 | www.belvedere.at | Straßenbahn D, 71 | 3. Bezirk*

2 GRINZING [0]

Wien von seiner urigsten Seite erleben im Heurigenviertel am Rand des Wienerwalds. *Straßenbahn 38 | 19. Bezirk*

3 HOFBURG [132 C2]

Einst regierte von hier aus Franz Josef I. sein Kaiserreich. Heute können Sie mit Glück in der Hofburg Bundespräsident Alexander Van der Bellen beim Luftschnappen treffen. Auch sonst lohnt sich ein Bummel durch die verwinkelten Höfe mit Habsburger-Charme. Der ist kostenlos – anders als die zahlreichen

Ausstellungen zum höfischen Leben. *Div. Tickets, z. B. Sisi Museum, Kaiserapartments und Silberkammer für 13,90 Euro | Michaeler-, Helden-, Josefsplatz | www.hofburg-wien.at | U3 Herrengasse bzw. Volkstheater, Straßenbahn 1, 2, D | 1. Bezirk*

4 KUNSTHISTORISCHES MUSEUM [132 B4]

Dürer, Rembrandt, Tizian: Der Ringstraßenbau beherbergt eine der bedeutendsten Gemäldesammlungen der Welt. *15 Euro | Fr–So, Di/Mi 10–18, Do 10–21 Uhr, Juni–Aug. auch Mo 10–18. | Maria-Theresien-Platz | Tel. 525 24 25 00 | www.khm.at | U2, 3 Volkstheater | 1. Bezirk*

5 MUSEUMSQUARTIER [132 A4]

Das Coolste am Museumsquartier ist gratis: Einfach Platz nehmen im Innenhof auf den stylishen Enzo-Sitzmöbeln. Aber nicht verplaudern: Ein Abstecher zum Leopold Museum, der Kunsthalle, dem Q21 oder dem Museum Moderner Kunst lohnt sich. Spannend sind auch die Areals-Führungen. *Tickets am MQ Point (tgl. 10–19 Uhr) | Tel. 52358 81 | www.mqw.at | U2, 3 Volkstheater o. Museumsquartier | 7. Bezirk*

⭐ 6 OTTO WAGNER VILLA [0]

Die 1888 vom berühmten Jugendstil-Architekten Otto Wagner für seine Familie erbaute Villa ist heute das Ernst-Fuchs-Museum. Von Außen und Innen sehenswert. *11/6 Euro | Di–So 10–16 Uhr | Hüttelbergstr. 26 | Tel. 19 14 85 75 | www.ernstfuchsmuseum.at | U 4 Hütteldorf, dann Bus 52A, 52B oder 43B Campingplatz Wien West | 14. Bezirk*

⭐ 7 RINGSTRASSE

Ob zu Fuß, mit der Tram oder – Vorsicht: teuer! – mit dem Fiaker: Einmal rund um die imperiale Innenstadt mit Oper, Parlament und Burgtheater muss sein. *Straßenbahn 1, 2 | 1. Bezirk*

⭐ 8 SCHLOSS SCHÖNBRUNN [146 C3]

Die ehemalige Sommerresidenz der Habsburger ist Wiens meistbesuchte Sehenswürdigkeit. Etwa 1,5 Mio. Gäste besichtigen jährlich die Prunkräume, durchstreifen den weitläufigen Park und steigen hoch zur Gloriette. *Park frei zugänglich | April–Okt. ab 6, Nov.–März ab 6.30 Uhr bis Dunkelheit | Schauräume ab 14,20 Euro | tgl. 8.30–17.30, Juli/Aug. bis 18.30, Nov.–März bis 17 Uhr | Tel. 8111 30 | www.schoenbrunn.at | U4 Schönbrunn od. Hietzing | 13. Bezirk*

⭐ 9 STAATSOPER [132 C4]

Der Prachtbau im Stil der Neorenaissance symbolisiert Wiens Rang als Musikweltstadt. *Tickets ab 2 Euro, Führungen ab 9 Euro | Anf. Sept.–Ende Juni | Opernring 2 | Tel. 51 44 40 | www.staatsoper.at | U 1, 2, 4 Karlsplatz | 1. Bezirk*

⭐ 10 STEPHANSDOM [133 D2]

Wiens Wahrzeichen Nummer eins: der gotische Dom mit Europas dritthöchstem Kirchturm, von dem aus man eine tolle Sicht hat. *Eintritt frei, Führungen ab 6 Euro | Mo–Sa 6–22, So 7–22 Uhr | Südturm: 5 Euro, tgl. 9–17.30 Uhr | Stephansplatz | www.stephansdom.at | U 1, 3 Stephansplatz | 1. Bezirk*

> Gratis die Wiener Philharmoniker hören? Selbst das ist in Wien möglich. Ein kultureller Rundgang

In Wien ist immer enorm was los. Und Sie brauchen keine dicke Brieftasche, um bei den Kulturveranstaltungen dabei zu sein. Die Wiener wissen zu feiern, und wer gute Stimmung mitbringt, ist jederzeit ein gern gesehener Gast. Die Eröffnung der Wiener Festwochen, der Silvesterpfad, Volxkino und Opernfilmfestival – das ganze Jahr über gibt es eine Fülle von kostenlosen Veranstaltungen. Sie können sogar den Wiener Sängerknaben oder den Wiener Philharmonikern lauschen, ohne dafür einen Cent Eintritt zu bezahlen. Und auch die Museen haben ein besonderes Angebot parat: Viele von ihnen, darunter sämtliche städtischen, laden tageweise zur kostenfreien Besichtigung. Also: Nichts wie hereinspaziert ins Wiener Kulturleben! Wir sagen, was Sie auf keinen Fall verpassen dürfen, wo Sie Nachwuchskünstler erleben und wie Sie Klassiker besonders günstig genießen können. Ein besonderer Tipp für alle Theaterfans: In der Tourist-Info am Albertinaplatz (S. 14) erhalten Sie täglich von 14 bis 17 Uhr für ausgewählte Wiener Bühnen um bis zu 50 Prozent vergünstigte Last-Minute-Tickets, die für denselben Abend gelten – viel Spaß also beim kostengünstigen Kulturvergnügen.

KULTUR & EVENTS

DONAUINSELFEST 🐖 [141 D2–F5]

Wussten Sie, dass der Eintritt zum größten Freiluftfestival Europas frei ist? Einmal im Jahr feiert sich die SPÖ Wien – das ist die Partei, die im Stadtsenat seit Jahrzehnten durchgehend das Sagen hat – mit einer riesigen Party auf der Donauinsel selbst. Aber auch wenn Sie mit Politik nichts am Hut haben: Keine Sorge. Ignorieren Sie die Plakate und genießen Sie die Sause, die jedes Jahr am letzten Juniwochenende steigt. Dann wird das 6 km lange Festivalgelände von rund 300 Künstlern und Bands drei Tage lang fast durchgehend bespielt: von überregionalen Topstars wie Mando Diao, Count Basic oder Sportfreunde Stiller bis hin zu österreichischen Größen wie Reinhard Fendrich oder Garish. Von Schlager bis Triphop, von Rock bis Jazz, von Kabarett bis Kindertheater. Ganz zu schweigen von Dutzenden Workshops, Sportevents und Jahrmarktständen. *Eintritt frei | Infos während des Festes tgl. 9–21 Uhr unter Tel. 5 35 35 35 | www.donauinselfest.at | U 1 Donauinsel | 22. Bezirk*

FESTWOCHEN-ERÖFFNUNG 🐖 [132 A1–2]

Promifaktor phänomenal, Genuss garantiert (Gedränge auch), Kosten keine! Im Mai inszeniert die Kulturmetropole zum Auftakt der Wiener Festwochen ein glitzerndes Eröffnungsspektakel. Der Schauplatz des Mega-Ereignisses, dem mehrere

Zehntausend Kunstliebhaber vor Ort und noch viel mehr vor dem Fernseher beiwohnen, ist der Rathausplatz. Dort treten Superstars wie Placido Domingo, José Carreras oder Conchita Wurst auf, dazu Spitzenorchester und Größen des inländischen Showbiz. *Eintritt frei | Rathausplatz | Infos, auch zum Kartenverkauf aller weiteren Festwochen-Veranstaltungen, unter Tel. 589222, Freeline ab Anfang Mai unter Tel. 08006640 20 | www.festwochen.at | Straßenbahn 1, 2, U2 Rathaus | 1. Bezirk*

GÜRTEL NIGHTWALK

Wenn Wiener andächtig vom „Gürtel" reden, meinen sie in der Regel die Ausgehmeile zwischen Thaliastraße und Alser Straße. Dort unterhalb der Stadtbahnbögen haben sich die angesagtesten Musikklubs der Stadt eingenistet: Chelsea, Rhiz, Weberknecht, Kramladen und viele andere. Jedes Jahr im Spätsommer veranstalten die Klubs gemeinsam eine riesige nächtliche Musiksause, die – wie man in Wien sagt – alle Stückeln spielt. Und das noch dazu gratis. Heerscharen von DJs beschallen den Gürtel, auf mehreren Bühnen treten nationale und internationale Bands

auf, dazu kommen Lesungen und Theaterveranstaltungen. Der Schwerpunkt liegt dabei auf alternativer Musik – und auf ==Nachwuchskünstlern.== ^{**Insider Tipp**} Nicht wenige Stars der Wiener Szene haben einst ihren ersten Gig am Gürtelfest gespielt. *Eintritt frei | letzter Sa im Aug. ab 18 Uhr bis in den frühen Morgen | Tel. 52550 | www.guertelnightwalk.at | U6 Burggasse, Josefstädter und Alser Straße | 7.–9. bzw. 15./16. Bezirk*

LIFE BALL – ERÖFFNUNGSSHOW [132 A1–2]

Zugegeben: Um mitten drin beim Life Ball zu sein, braucht man ein bisschen Kleingeld. Für ein reguläres Ticket beim europaweit größten Charity-Event im Kampf gegen Aids muss man 180 Euro berappen, ein Style Ticket kostet 90 Euro und erfordert ein wirklich außergewöhnliches Kostüm. Aber einen guten Eindruck von der schrillen Show am Rathausplatz, bei der jährlich spektakulär kostümierte Models und andere Promis über den roten Catwalk defilieren, bekommen Sie auch als Zaungast. Ganz zu schweigen von der Livemusik und den hunderten Paradiesvögeln, die sich unters Publikum

mischen. Tipp: Kommen Sie rechtzeitig, um einen guten Platz zu ergattern. Hinter der Absperrung ist der
🐷 Eintritt frei. *Ende Mai/Anfang
Juni | Rathausplatz | Tel. 5 95 56 00 |
www.lifeball.org | Straßenbahn 1, 2,
U 2 Rathaus | 1. Bezirk*

POPFEST 🐷 [132 C5]

Musik aus Österreich ist mehr als
Falco und Rainhard Fendrich. Wie
vielfältig und pulsierend die Pop-
szene in der Alpenrepublik ist, zeigt
sich jedes Jahr Ende Juli, wenn am
Karlsplatz die angesagtesten österreichischen Musiker vier Tage lang unter freiem Himmel vor dem künstli-
chen Teich aufspielen. Dazu kommen kleinere Konzerte in den
umliegenden Institutionen wie dem
Wien Museum oder der Technischen
Universität. Sogar die altehrwürdige

Der Life Ball – ein rauschendes Fest im Zeichen von Solidarität, Toleranz und Aufklärung

Karlskirche wird mit Performances beschallt. Die Musik ist gratis – und die Drinks besorgt man sich günstig bei der nahen Karlsplatzpassage. *Eintritt frei | Ende Juli | Karlsplatz | www.popfest.at | U1, 2, 4 Karlsplatz | 4. Bezirk*

KINO

BELLARIA   [132 A3]

Nicht nur manche Filme sind im Bellaria von Anno dazumal – auch die dazugehörigen Preise. Das schicke Kino zeigt immer wieder alte Schinken aus der Zwischen- und Nachkriegszeit für Tickets ab 5 Euro. Das antike Kassenhäuschen samt stilechter Requisiten von einst bietet die Gelegenheit für eine Zeitreise in die Ära von Hans Moser, Paula Wessely, Sisi & Co. *Ab 5 Euro | Vorführung tgl. 15.45 Uhr | Museumstr. 3 | Tel. 5 23 75 91 | U2 Volkstheater, Bus 48A | 7. Bezirk*

FILMFESTIVAL WIENER
RATHAUSPLATZ   [132 A1–2]

Wenn das Wetter auch nur halbwegs mitspielt, strömen im Hochsommer allabendlich Musikbegeisterte massenhaft auf den Rathausplatz. Dort werden nämlich Mitschnitte legendärer Konzerte, Opern-, Operetten-, Musical- oder Ballettaufführungen unter freiem Himmel gezeigt – auf einer Großbildleinwand und absolut kostenlos. Die Kulisse für diesen Klassiker unter den Kulturspektakeln bildet die neogotische Rathausfassade. Für zusätzlichen Genuss sorgen kulinarische Spezialitäten aus aller Welt, die es allerdings nicht umsonst gibt. *Eintritt frei | Beginn bei Einbruch der Dämmerung, im Juli ca. 21, im August ca. 20.30 Uhr | Rathausplatz | Tel. 31 98 20 00 | Programm und weitere Details: filmfestival-rathausplatz.at | Straßenbahn 1, 2 | 1. Bezirk*

„TATORT" IM KINO

Für Fans der deutschsprachigen Erfolgskrimiserie bieten gleich zwei Wiener Kinos jeden Sonntag die Möglichkeit, den aktuellen Tatort im Kinosaal mit Gleichgesinnten zu genießen. Der Eintritt ist dabei sowohl im Top-Kino nähe Museumsquartier als auch im Schikaneder im Bezirk Wieden frei! *Top-Kino* [132 B4]: *Mo–Mi 11–2, Do–Sa 11–4, So 10.30–24 Uhr | Rahlgasse 1 | Tel. 2 08 30 00 | www.topkino.at | U2 Museumsquartier | 6. Bezirk; Schikaneder* [143 D5]:

KULTUR & EVENTS

tgl. 18–4 Uhr | Margaretenstr. 24 | Tel. 5 85 28 67 | www.schikaneder. at | U 1, 2, 4 Karlsplatz | 4. Bezirk

VOLXKINO 🐷

Ein Kino unter Sternen und das bei freiem Eintritt: zu viel verlangt? Nicht in Wien. Das Open-Air-Wanderkino bietet im Sommer an rund 30 verschiedenen Orten in 16 Bezirken Wiens cineastische Feinkost, von Jim Jarmusch und Woody Allen bis Fatih Akin und Lars von Trier. Die Orte: Parkanlagen, zwischen Gemeindebauten, auf öffentlichen Plätzen und Märkten, am Gürtel oder am Stadtrand. *Juni–Sept. ab 19.30 Uhr | Programm und Ort s. Webseite | Tel. 2 19 85 45 oder 06 99 12 87 15 00 | www.volxkino.at*

LITERATUR

ALTE SCHMIEDE 🐷 [133 E2]

Wer in Wien Literatur erleben will, muss kein Geld ausgeben. Die Veranstaltungen in der Alten Schmiede – dem wichtigsten Ort für die Begegnung mit zeitgenössischen Autoren – sind kostenfrei. Dort finden Lesungen, Werkstattgespräche, Diskussionen, aber auch Konzerte statt. Angeschlossen ist außerdem ein Leseraum, in dem 130 Literatur- und Kulturzeitschriften zur Lektüre ausliegen. *Mo–Fr 9–17 Uhr | Schönlaterngasse 9 | Tel. 5 12 83 29 | www. alte-schmiede.at | U 1, 3 Stephansplatz | 1. Bezirk*

BUCH WIEN [145 E1]

Gut, ganz gratis ist die wichtigste Buchmesse Wiens nicht. Aber der Eintrittspreis von 10 Euro macht sich für Literatur-Fans bezahlt – buchstäblich. Jedes Jahr an einem langen Wochenende im Spätnovember gibt sich die deutschsprachige Buchbranche im Wiener Prater die Ehre. Sie können stundenlang nach Herzenslust in abertausenden Neuerscheinungen vieler größerer und kleinerer Verlage blättern. Außerdem ist das viertägige Programm gespickt mit Gratislesungen, Podiumsdiskussionen etc., auch diverse andere Locations wie Büchereien und Theater können Sie mit der Karte besuchen. Und wenn Sie einen Studentenausweis haben, kommen Sie am Donnerstag gänzlich kostenlos rein. *Do/ Fr 9–18, Sa 10–18, So 10–17 Uhr | Messe Wien, Halle D, Trabrennstraße | Tel. 5 12 15 35 13 | www. buchwien.at | U 2 Krieau | 2. Bezirk*

LITERATURMUSEUM [133 D3]

Das Museum in der österreichischen Nationalbibliothek ist nicht nur inhaltlich, sondern auch ästhetisch ein Höhepunkt. Modern multimedial und detailliert wissenschaftlich aufbereitet wird im Grillparzerhaus leicht zugänglich die Geschichte der österreichischen Literatur seit der Aufklärung vorgestellt. Im zweiten Stock geben zwölf Hörbeispiele Antworten auf die Frage: „Ist das typisch österreichisch?" 🐷 Gratis ist die Ausleihe der Museumstablets, die neben einer Audioguide-Funktion vertiefendes Material und eine interaktive Schreibwerkstatt bieten (Ausweis mitnehmen!). *8 Euro | Di/Mi, Fr–So 10–18, Do 10–21, Juni–Sept. auch Mo 10–18 Uhr | www.onb.ac.at/museen/literaturmuseum | Johannesgasse 6 | Tel. 1 53 41 07 80 | U3, 1 Stephansplatz, U1, 2, 4, Straßenbahn 1, 2, D, 71 Karlsplatz | 1. Bezirk*

MUSEEN & GALERIEN

21ER HAUS [150 A3]

In der Nähe des Hauptbahnhofs beherbergt ein Architekturjuwel herausragende heimische Kunst. Unter der Leitung des Belvederes gilt der adaptierte Österreich-Pavillon der Weltausstellung 1958 (vorm. 20er Haus) als wesentliche internationale Plattform für österreichische Kunst ab 1945. Tipp: Oft sind die 🐷 **Ausstellungseröffnungen und andere Veranstaltungen gratis** (Termine und Anmeldung auf der Webseite unter „Kalender"). Zum Museum gehören ein Kino, eine Kunstbuchhandlung und für die Pause zwischendurch ein Café im Skulpturengarten. *8 Euro | Mi/Do 11–21, Fr–So 11–18 Uhr | Schweizergarten, Arsenalstr. 1 | Tel. 7 95 57 770 | www.21erhaus.at | Straßenbahn D, 18, O, Bus 69A, S-Bahn, Bahn Quartier Belvedere, U1 Südtirolerplatz | 3. Bezirk*

Inside Tipp

HEERESGESCHICHTLICHES MUSEUM [150 B3]

Wie spannend die österreichische Geschichte sein kann, zeigt dieses Museum. In dem um 1850 auf dem Gelände des Arsenals im neogotisch-maurischen Mischstil errichteten Gebäude sind Werden und Wirken der habsburgischen Armee vom Dreißigjährigen Krieg bis ins Jahr 1918 veranschaulicht. Auch das Schicksal Österreichs nach dem Zerfall der Monarchie bis 1945 wird dokumentiert. *6 Euro, 🐷 für Erwachsene je-*

den ersten So im Monat und für Kinder und Jugendliche bis 19 J. immer frei | tgl. 9–17 Uhr | Arsenal, Objekt 1 | Tel. 79 56 10 | www.hgm.or.at | Straßenbahn O, 18, D Quartier Belvedere | 3. Bezirk

KUNSTHISTORISCHES MUSEUM [132 B4]

Dieses Museum gehört zu den grandiosesten Gemäldegalerien der Welt, seine Wände sind gespickt mit alten Meistern der Extraklasse. Die tolle Nachricht: Für eine Jahreskarte zu 44 Euro darf man nicht nur in diese heiligen Hallen, sondern auch in die folgenden fünf hochkarätigen Museen: die in punkto Kronjuwelen einzigartige Kaiserliche Schatzkammer, das völkerkundliche Weltmuseum mit Hofjagd- und Rüstkammer, das Theatermuseum samt Gemäldegalerie der Akademie der bildenden Künste, das Kutschenmuseum – genannt Kaiserliche Wagenburg – sowie das Schloss Ambras in Innsbruck. Ersparnis im Vergleich zu sechs Einzeltickets: stolze 26,50 Euro! *Di/Mi, Fr–So 10–18, Do 10–21, Juni–Sept. auch Mo 10–18 Uhr | Maria-Theresien-Platz und Heldenplatz (Neue Burg) | Tel. 5 25 24 40 25 | www.khm.at | U2, 3, Volkstheater | 1. Bezirk*

CLEVER!

> *Alles über Laster & Abgründe*

Kennen Sie die dunkle Seite der Wiener Seele? Deren Abgründe hat vor über 100 Jahren Sigmund Freud ausgelotet. Ihm ist das **Freud-Museum** in der Innenstadt gewidmet. Ein Besuch ist empfehlenswert, aber mit Ticketpreisen von 12 Euro nicht billig *(www.freud-museum.at)*. Wenn Sie sich als Budget-Tourist dem goldenen (manche sagen auch: schwarzen) Wiener Herz nähern wollen, sollten Sie eins der vielen Bezirksmuseen ansteuern: Dort können Sie sich gratis ein Gefühl von den Lebensrealitäten der einfachen Leute verschaffen. Über das Lieblingsgetränk der Wiener, den Rebsaft, informiert das **Weinmuseum;** hochprozentiger geht es im **Schnapsmuseum** zu – beide kostenlos. Auch über andere Laster können Sie etwas erfahren, ohne Eintritt zu bezahlen, etwa im **Billardmuseum.** Mehr dazu unter: *www.wien.gv.at/ma53/museen.*

LOBMEYR 🐷 [133 D3]

Die Lüster der Firma Lobmeyr schmücken u. a. den Kreml, die New Yorker Met und diverse saudische Paläste. Der Familienbetrieb, gegründet 1823, gehört zu den führenden Erzeugern exquisiter Kristallleuchter, Spiegel und Gläser. Doch Sie müssen nicht die Brieftasche eines Scheichs haben, um in den Genuss der Kostbarkeiten zu kommen. Das im zweiten Stock des Stammgeschäfts eingerichtete **Glasmuseum** steht allen Interessierten zu den Geschäftszeiten offen – kostenlos. Zu sehen sind feine Weinkaraffen, Zierteller, filigrane Konfektaufsätze, die auch in die Sammlungen vieler internationaler Kunstgewerbemuseen Eingang gefunden haben. *Mo–Fr 10–19, Sa 10–18 Uhr | Kärntner Str. 26 | Tel. 5 12 05 08 88 | Führungen durch die 10 Gehminuten entfernten Werkstätten in Wien 3, Salesianergasse, bei Anmeldung eine Woche im Voraus gegen einen Unkostenbeitrag möglich | www.lobmeyr.com | U 1, 3 Stephansplatz | 1. Bezirk*

Insider Tipp

MUSEUM AUF ABRUF MUSA 🐷 [132 A1]

Das mittlerweile zum Wien Museum gehörende MUSA ist eine städtische Sammlung für zeitgenössische Kunst und gleich neben dem Rathaus daheim. Es beherbergt auch einen Raum für noch weitgehend unbekannte Künstler, die Startgalerie, sowie eine Artothek, in der man für kleines Geld echte Kunst ausleihen kann (Leihgebühr 2,50 Euro pro Bild und Monat). In wechselnden Ausstellungen verschafft das MUSA einen guten Überblick über die Wiener Kunstszene der vergangenen Jahrzehnte, indem es jeweils einen Ausschnitt aus seiner Sammlung zeigt, die über 35 000 Werke von rund 4500 jungen Wiener Kunstschaffenden umfasst. An vielen Sonntagen von 14 bis 15 Uhr wird eine kostenlose Führung durch die aktuelle Ausstellung geboten. *Eintritt frei | Museum, Startgalerie Di–So 10–18, Artothek Di–Fr 10–18 Uhr, Fei geschl. | Felderstr. 6–8 | Tel. 40 00 84 00 | www.musa.at | U 2 Rathaus, Straßenbahn D, 1, 2 | 8. Bezirk*

MUSIK & OPER

ARENA [151 E2]

Vor mehr als 40 Jahren besetzten Künstler und Studierende den ehemaligen Schlachthof von St. Marx. Sie wollten daraus ein Kulturzentrum

---

Bild: Zerbrechlich, glänzend, wunderschön anzusehen – Glaswelten bei Lobmeyr

für Leute mit wenig Knete machen – und sie haben es bekommen. Heute treten in den den Ziegelbauten der Arena internationale Superstars und Nachwuchstalente auf, steigen regelmäßig Riesenpartys, Clubbings, Solidaritätsevents. Die Arena gilt als „the coolest place in Vienna", ein wichtiges Zentrum für Jugend-, Kultur- und Sozialarbeit in Wien. Im Sommer wird das riesige Wiesengelände zu Füßen des weithin sichtbaren Schornsteins zum Open-Air-Areal. Im Innenhof findet dann Sommerkino statt. Und all das wird, da nicht auf Gewinn gerichtet, zu äußerst moderaten Preisen geboten. *Tickets für Konzerte ab 6 Euro, fürs Kino im Vorverkauf ab 5 Euro | Infos & Karten: Verein Forum Wien Arena | Büro Mo–Fr 11–17 Uhr | Tel. 7 98 85 95 | arena.wien | Arena Beisl: Di–So 16–24, Mo 17–24 Uhr | Tel. 7 98 33 39 | www.arenavie.com | beide: Baumgasse 80 | U 3 Erdberg | 3. Bezirk*

AUGUSTINERKIRCHE [132 C3]

Lust auf Kirchenmusik? Die Augustinerkirche ist weit über die Landesgrenzen hinaus bekannt für ihren feierlichen, von Musik begleiteten Gottesdienst. Jeden

CLEVER!

> *Chill-out im Museumsquartier*

Wenn Wiener vom **Museumsquartier** [132 A4–B4] reden, dann meinen sie selten die Museen. Die sind natürlich auch sehenswert, ist doch das MQ für seine Gegenwartsarchitektur und hochkarätige Sammlungen bekannt. Aber meist meinen die Einheimischen die Freiflächen zwischen den Museen. Ohne einen Cent zu bezahlen, kann man sich in eins der grellen Ruhemöbel fläzen, Boccia oder Schach spielen und ab und zu sogar Livebands oder Literaten lauschen. Für Kinder gibt's sommers einen Spielplatz. Doch Lust auf Kunst? Wem MUMOK, Kunsthalle oder Leopold Museum zu teuer sind, kann im Q21 interessante Themenausstellungen besuchen – kostenfrei (*Di–So 13–20 Uhr | www.quartier21.at*). *Museumsquartier: Museumsplatz 1 | Tel. 5 23 58 81 | www.mqw.at | U2 Volkstheater oder Museumsquartier | 7. Bezirk*

Sonntag und an kirchlichen Feiertagen (außer Juli und August) bringen Chor und Orchester des Hauses eine Festmesse zu Gehör. Im Mittelpunkt stehen im Allgemeinen die heimischen Komponistengrößen von Haydn und Mozart bis Beethoven, Schubert und Bruckner. Manchmal steht als Schirmherr der ehemalige Musikchef der Staatsoper, Franz Welser-Möst, höchstpersönlich am Pult. *Eintritt frei | jeden So um 11, an Feiertagen meist 18.30 Uhr | Augustinerstr. 3 | Tel. 5 33 70 94 79 00 | www.augustinerkirche.at | U3 Herrengasse | 1. Bezirk*

LEBENSBAUMKREIS
AM HIMMEL 🐷   [0]
Auf der Wiese liegen und der Musik lauschen: Auf der Himmelwiese am Kahlenberg ist das möglich. Rund um den Lebensbaumkreis, einem mit 40 verschiedenen Bäumen bepflanzten spirituellen Kraftort, sorgen **Insider Tipp** sonntagnachmittags klassische oder auch jazzige Töne aus 40 Lautsprechern zusammen mit einem grandiosen Stadtblick für große Gefühle. *Frei zugänglich | Restaurant Oktogon: Am Himmel – Himmelstraße/ Ecke Höhenstraße | www.himmel.at |*

Bus 38A Cobenzl, dann 10 Min. zu Fuß | 19. Bezirk

MUSIKVEREIN   [133 D5]
Vom Stehplatz aus kann man im Musikverein für 6 Euro Spitzenkonzerte erleben. Der vor gut 140 Jahren vom Ringstraßenarchitekten Theophil von Hansen geschaffene Bau besitzt mit dem Goldenen Saal einen Konzertraum mit einer der besten Akustiken weltweit. Kein Wunder, dass sich hier alle großen Dirigenten, Solisten und Orchester der Welt die Ehre geben. Ebenfalls für nur wenige Euro gibt's Karten für Konzerte im Brahmssaal bzw. in den vier kleinen, sehr modernen Konzertsälen im Keller. *Karten ab 6 Euro | Tageskasse: während der Saison Mo–Fr 9–20, Sa 9–13 Uhr, Abendkasse bei Eigenveranstaltungen ab 1 Std. vor Konzertbeginn | Bösendorferstr. 12 | Tel. 5 05 81 90 | www.musikverein.at | U 1, 2, 4 Karlsplatz | 1. Bezirk*

SOMMERNACHTSKONZERT DER WIENER
PHILHARMONIKER 🐷   [146 C3]
Jedes Jahr an einem Abend im Spätfrühling demonstriert Wiens Vorzeigeorchester Nummer eins im Rahmen des Sommernachtskonzerts vor

der grandiosen Kulisse des Gartenparterres von Schloss Schönbrunn seine einzigartige Klangkultur. Der Eintritt für dieses auch live im Fernsehen übertragene Open-Air-Event ist frei. Zehntausende Zuhörer kommen jedes Jahr, um den Musikern zu lauschen. *Schloss Schönbrunn, Schlosspark | Tel. 5 05 65 25 | www. sommernachtskonzert.at | U4, Straßenbahn 10, 58 Schönbrunn | 13. Bezirk*

STAATS- UND VOLKSOPER [132 C4]
Das „Haus am Ring" symbolisiert beeindruckend Wiens Rang als Musikmetropole. Top-Tickets kosten 240 Euro. Doch Sitze mit eingeschränkter Sicht – empfehlenswert z. B. die Plätze 5 und 6 in den Logen im Parterre und ersten Rang – sind schon für 7 Euro zu bekommen. ==Stehplätze kosten nur 2 bis 2,50 Euro.== Für sie muss man bei begehrten Aufführungen freilich vor Kassenöffnung (80 Min. vor Vorstellungsbeginn) eventuell Schlange stehen. Die Volksoper als „kleine" Schwester ist vor allem zuständig für Spieloper, Singspiel, Musical und Operette und dabei von beinahe gleichwertiger Qualität. Hier kosten

Insider Tipp

CLEVER!

> *Gratis-Eintritt in die Museen der Stadt Wien*

Der erste Sonntag im Monat ist Museumstag in Wien. Dann zahlen alle erwachsenen Besucher in 20 Museen keinen müden Cent für den Eintritt in die Dauerausstellungen und ermäßigten Eintritt für Sonderschauen. Für Kinder und Jugendliche unter 19 Jahren gilt das nicht. Die kommen jeden Tag gratis rein. Die Themenpalette des Verbunds städtischer Sammlungen reicht von Gegenwartskunst im **MUSA** über das **Uh**ren- und Pratermuseum, die **Römischen Ruinen** und die **Hermesvilla** bis zu den **Gedenkräumen für Beethoven, Haydn, Schubert, Strauß** sowie dem **Mozarthaus** in der Domgasse. Highlight ist das Haupthaus **Wien Museum Karlsplatz,** das sich sowohl der Kunst als auch der Historie Wiens widmet. Sein Schwerpunkt liegt auf dem 19. Jh. Infos zu den einzelnen Museen unter: *www. wienmuseum.at.*

Stehplätze nur 3 bis 4 Euro. *Karten ab 2 Euro | Staatsoper: Ticketverkauf jeweils zwei Monate vor dem Vorstellungstag | Opernring 2 | www.staatsoper.at | U 1, 2, 4 Karlsplatz | 1. Bezirk; Volksoper: Ticketverkauf ab dem 1. des Monats für Vorstellungen des gesamte Folgemonats | Währinger Str. 78 | www.volksoper.at | Straßenbahn 40–42, U 6 Währinger Straße/Volksoper | 9. Bezirk | Vorverkauf auch bei den Bundestheaterkassen | Mo–Fr 8–18, Sa/So 9–12 Uhr | Tel. 5 14 44 78 80 | www.bundestheater.at | U 1, 2, 4 Karlsplatz | 1. Bezirk*

WIENER SÄNGERKNABEN & PHILHARMONIKER [132 C2]

Einmal die Wiener Sängerknaben hören – auch das geht in Wien mit etwas Glück umsonst. Vor über 500 Jahren wurde die Wiener Hofmusikkapelle gegründet. Das Ensemble besteht aus den Sängerknaben, der Choralschola sowie Mitgliedern der Philharmoniker und des Herrenchors der Staatsoper und ist für die Musik während der Heiligen Messen in der Burgkapelle der Hofburg verantwortlich. Kaufkarten, darunter Hörplatzkarten ohne Sicht für 11 Euro, bestellt man am besten Wochen im Voraus *(Tel. 2 16 39 42 | www.hofmusikkapelle.gv.at)*. Frühaufsteher aufgepasst: 🐷 Stehplätze werden ab 8.30 Uhr gratis an der Tageskasse ausgegeben. Im Vorraum können Sie auch kostenlos via Bildmonitor der Messe beiwohnen. *Ausgabe der Kaufkarten an der Kasse: Fr vor Messetermin 11–13 und 15–17, So bzw. Tag der Messe 8–8.45 Uhr | Schweizerhof/Hofburg | Tel. 5 33 99 27 | www.hofmusikkapelle.gv.at | U 3 Herrengasse | 1. Bezirk*

THEATER & KLEINKUNST

BURG- UND AKADEMIE-THEATER [132 B1–2] u. [133 E5]

Traditionelles, Aktuelles, manchmal auch Skandalöses: Das Burgtheater ist seit Jahrzehnten *das* Theater in Wien. Mit etwas Glück ergattern Sie Eintrittskarten zu 7, 10 oder 15 Euro. Auch von den Stehplätzen für mickrige 3,50 Euro kann man tadellos das Geschehen auf der Bühne verfolgen. Gleiches gilt für die Dependance der „Burg", das vom selben Spitzenensemble bespielte, aber intimere Akademietheater. Glück für Kurzentschlossene: An den Abendkassen direkt in den Theatern bekommt man eine Stunde vor Beginn bei vielen

Insider Tipp

Vorstellungen alle Karten um 25 Prozent ermäßigt, außerdem gibt's dann ein zusätzliches Kontingent an Stehplätzen! *Kartenverkauf jeweils ab dem 20. des Vormonats für den gesamten Folgemonat (Mo–Fr 8–18, Sa/So, Fei 9–12 Uhr); Vorverkauf auch bei der Staats- und Volksoper (S. 30), den Bundestheaterkassen und unter tickets.burgtheater.at; Burg: Universitätsring 2 | Tel. 5 14 44 41 45 oder 5 13 29 67 29 67 | www.burgtheater.at | U3 Herrengasse | Straßenbahn 1, D Burgtheater | 1. Bezirk; Akademie: Lisztstr. 1 | Tel. 5 14 44 47 40 | U4 Stadtpark | 3. Bezirk*

CAFÉ GSCHAMSTER DIENER 🐷 [148 B1]

In diesem gemütlichen Vorstadtkaffeehaus gibt es an 30. jeden Monats sowie auch an weiteren Terminen ein Spektakel mit dem Motto: „Ihr Auftritt bitte!" Dann geben mehr oder weniger talentierte Amateure Prosatexte, Vorträge, Gedichte sowie Anekdoten, Musik und Kabarett zum Besten. Der Eintritt ist grundsätzlich frei! Dazu serviert das feine, traditionelle Café Bioprodukte aus dem Wiener Umland zu recht erschwinglichen Preisen. Hinweise zu den aktuellen Veranstaltungen finden Sie auf der Webseite. *Eintritt frei | Mo–Fr 9–24, Sa 9–22, So 10–23 Uhr, Fei sowie Juli und Aug. Sa geschl. | Stumpergasse 19 | Tel. 5 97 25 28 | www.gschamsterdiener.com | Bus 57A Kurt-Pint-Platz | 6. Bezirk*

L. E. O. [144 B4]

Kleinkunst der besonders charmant-heiteren Sorte: Das Letzte Erfreuliche Operntheater L.E.O. bietet im winzigen Rahmen große Oper, manchmal aber auch Operetten oder musikalische Revuen in Minimalversion – mit einem Pianisten-Conferencier und ein bis drei Sängern und Sängerinnen. Als Chor fungiert das maximal 50-köpfige Publikum, das dafür mit Schmalzbroten, Wein und anderen Getränken gegen eine kleine Spende verköstigt wird. Amusement garantiert! *Tickets 20–25 Euro (inkl. Getränken und Schmalzbroten) | Ungargasse 18 | Tel. 0680 31 35 47 32 | www.theaterleo.at | Straßenbahn O Sechskrügelgasse | 3. Bezirk*

THEATER NESTROYHOF HAMAKOM [140 A5]

Experimentell und spannend: Das über 100 Jahre alte Theater im Nes-

troyhof ist heute Bühne für (inter)
kulturelle Begegnungen. Eigenpro-
duktionen, nationale und internationale Gastspiele setzen sich kritisch
und fantasievoll mit aktuellen Themen auseinander. Die Inszenierungen
bieten oft einen Mix aus Literatur,
Film und Musik. *Tickets ab 10 Euro |*
Nestroyplatz 1 | Tel. 8 90 03 14 |
www.hamakom.at | U 1 Nestroyplatz |
2. Bezirk

WUK [138 C3]

Das selbstverwaltete Werkstätten-
und Kulturhaus (WUK) bietet Künstlern aller Genres eine Bühne – und
den Gästen abwechslungsreiche und
günstige Unterhaltung. Ob Klein-
kunst, Pop-, Indierock-Konzerte oder
Lesungen, schräge Partys, Theater-
oder Tanzperformances – das Programm ist spannend und hält für jede
Altersklasse etwas in peto. Ange-

Darauf lohnt es sich anzustoßen: das berühmte Burgtheater an der Ringstraße

schlossen sind zahlreiche Ateliers und Galerien, in denen Künstler ihre Werke ausstellen und Interessierte sich selbst im Kunsthandwerk versuchen können. Es gibt auch ein günstiges Beisl. Und sollten Sie einmal mit einem klapprigen Rad unterwegs sein: Im WUK können Sie ihren **Insider Tipp** Drahtesel unter Anleitung selbst in Schuss bringen. *Die Eintrittspreise variieren von 0 bis 15 Euro | Währinger Str. 59 | Tel. 40 12 10 | www.wuk. at | U6 Volksoper, Straßenbahn 5, 33, 37, 38, 40–42 | 9. Bezirk*

SONSTIGES

CAMPUS WU WIEN 🐷 [145 D1]

So cool kann Campus sein! Die Wiener Wirtschaftsuniversität ist ein architektonisches Schmuckstück. Auch in puncto Nachhaltigkeit, sozialer Verantwortung und Barrierefreiheit wurden überregional neue Standards gesetzt. Kein Wunder, dass das spacige Lernzentrum von Zaha Hadid oder das Hörsaalzentrum von BUSarchitektur in schönstem Cortenstahl nicht nur Studierende anziehen. Machen Sie sich im Internet schlau *(www.wu.ac.at/universitaet/campus/ architektur-gebaeude)* und begeben Sie sich auf eigene Faust auf Tour:

Auf keinen Fall dürfen Sie einen Besuch des raumschiffartigen Eingangsbereichs des Learning Center versäumen. Es zahlt sich aus – nicht nur für Architektur-Aficionados! Beim Tag der offenen Tür (s. Webseite) und der Langen Nacht der Forschung *(www.langenachtderfor schung.at)* gibt es **Insider Tipp** kostenlose Campus-Führungen. *Mo–Fr 7–22, Sa 7–18 Uhr | Welthandelsplatz 1 | Tel. 31 33 60 | www.wu.ac.at | U2 Messe/ Prater oder Kriau | 2. Bezirk*

HUNDERTWASSER ERLEBEN [144 B2]

Bäume auf Balkonen und Dächern, gekrümmte Wände, kunterbunte Fassaden: Friedensreich Hundertwasser, der Meister des naturnahen Bauens, schuf in den 1980ern mit dem Hundertwasserhaus ein viel bestauntes Stück Öko-Architektur, das allerdings nur von außen zu besichtigen ist. Im drei Gehminuten entfernten Kunst-Haus-Wien wartet – neben interessanten Sonderausstellungen – die weltweit einzige permanente Präsentation seines umfassenden Wirkens. Die originelle Deko-Architektur des Meisters kann man aber auch direkt vis-à-vis in der 🐷 Einkaufspassage Kalke Village beziehungsweise in der Toilet of Modern Art (0,60 Euro) bestaunen. Absolut sehenswert! *Wohnhaus: Kegelgasse 38, Ecke Löwengasse; Kalke Village: Kegelgasse 37–39 | Mo–So 9–18, Sa 9–17 Uhr; Kunst-Haus-Wien: Eintritt 11 Euro, Kombiticket mit Sonderschauen 12 Euro | tgl. 10–18 Uhr | Untere Weissgerberstr. 13 | Tel. 7 12 04 91 | www.kunsthaus wien.com | Alle Stätten: Straßenbahn 1 Hetzgasse | 3. Bezirk*

JÜDISCHES ERBE

Es gibt nur wenige Metropolen in Europa, deren Entwicklung so eng mit der jüdischen Geschichte verbunden ist wie Wien. Wer sich auf Spurensuche begeben möchte, beginnt am besten mit einer Führung im Stadttempel. Der wurde von dem Architekten Josef Kornhäusel entworfen und 1938 als einzige Synagoge Wiens nicht zerstört. Im Anschluss empfiehlt sich der Besuch des Jüdischen Museums im Palais Eskeles. Das Misrachi-Haus neben dem Schoah-Mahnmal auf dem Judenplatz informiert über das Leben der Wiener Juden im Mittelalter, das Dokumentationsarchiv des Österreichischen Widerstands (DÖW) im Al-

ten Rathaus über die Verfolgung durch die Nazis. *Stadttempel* [133 D1]: *Eintritt (nur mit Führung, Personalausweis oder Reisepass mitnehmen!) 4 Euro | Mo–Do 11.30 und 14 Uhr | Seitenstettengasse 4 | Tel. 53 10 42 07 | www.ikg-wien.at; Jüdisches Museum* [133 D2]: *So–Fr 10–18 Uhr | Dorotheergasse 11 | Tel. 5 35 04 31 | www.jmw.at; Misrachi-Haus* [132 C1]: *Kombikarte für beide Häuser 10 Euro | So–Do 10–18, Fr 10–14 Uhr | Judenplatz 8; 🐷 DÖW* [133 D1]: *Eintritt frei | Mo–Do 9–17 Uhr | Wipplingerstr. 6–8 | Tel. 22 89 46 93 19 | www.doew.at | Station für alle: U 1, 3 Stephansplatz | 1. Bezirk*

KUFFNER STERNWARTE   [0]

Die Kuffner Sternwarte bietet Veranstaltungen zu interessanten astronomischen Themen wie „Herausforderungen für die Zukunft" und „Astronomische Einflüsse auf unser Klima" an. Bei wolkenlosem Himmel kann man durch das Teleskop auch mal nachsehen, was es eigentlich mit dem Mann im Mond auf sich hat. *Eintritt frei, Spenden erbeten | Gebäudeführungen So um 19 Uhr, Sonnenbeobachtung jeden 3. So im Monat um 15*

Uhr, So und Mo ab 20 Uhr bei jeden Wetter, Mi und Do ab 20 Uhr bei niederschlagsfreiem Wetter | Johann-Staud-Str. 10 | Tel. 8 91 74 15 01 23 | www.kuffner-sternwarte.at | Bus 51A, 46B, 146B Ottakringer Bad | 16. Bezirk

PARLAMENT [132 A2]

Auch wenn das 135 Jahre alte Parlamentsgebäude derzeit generalrenoviert wird und noch mindestens bis Frühjahr 2021 eingerüstet bleibt, wird in Österreich doch weiterhin politisiert – und zwar im Demokratiequartier in und um die Hofburg. Die Bürger sollen am politischen Geschehen beteiligt werden, deshalb können Sie sich im Infopoint Platz.Mit.Bestimmung in interaktiver Form über die Geschichte der Demokratie und des österreichischen Parlamentarismus informieren – natürlich gratis. Auch die diversen ==Führungsangebote in der Hofburg und Umgebung sind ebenso kostenlos wie der Besuch der Parlamentssitzungen== (gültigen Lichtbildausweis mitbringen). *Haupteingang Josefsplatz Mo–Fr 8–19, Sa 10–18 Uhr, Infopoints Platz.Mit. Bestimmung und Bau.Stelle Mo–Sa 10–18 Uhr | Führungen: Hofburg (Josefsplatz) und Demokratie.Macht. Orte (Heldenplatz) Mo–Sa (genaue Termine u. Zeiten s. Webseite), Palais Epstein (Dr.-Karl-Renner-Ring 3) Sa 10.30, 13.30 Uhr | Tel. 4 01 10 24 00 | www.parlament.gv.at | Straßenbahn 1, 2, 71, D Burgring/ Dr.-Karl-Renner-Ring | 1. Bezirk*

Insider Tipp

CLEVER!

> ### Die Stars von morgen erleben

Aktuelle Kunst kann man gut in den kleinen Galerien Wiens erleben. Einen guten Überblick über die laufenden Ausstellungen geben die informativen Webseites *www.wien-kunst.at* oder *www.artmagazine.cc.* Zwei in der Szene wesentliche Galerien sind: **Christine König** [143 E5]: *Di–Fr 10–19, Sa 11–16 Uhr | Schleifmühlgasse 1a | www.christinekoeniggalerie.com | U 4 Kettenbrückengasse | 4. Bezirk;* **Heike Curtze** [133 D3]: *Di–Fr 12–18.30, Sa 12–16 Uhr | Seilerstätte 15 | www.heikecurtze.com | U 1, 3 Stephansplatz | 1. Bezirk*

KULTUR & EVENTS

PLANETARIUM (VHS) [140 C1]

Seit 1964 wird in diesem „Haus der Sterne" im Wiener Prater Volksbildung im besten Sinne betrieben. Wer einen Abend lang in die Tiefen des Weltalls entschwinden will, wird hier mit modernster Projektionstechnologie in einer atemberaubenden Astro-Show weggebeamt. Der Preis für eine galaktische Reise ist mit 9 Euro recht sozial – Kinder zahlen nur 6,50 Euro! *Wechselndes Programm, Öffnung 45 Min. vor Veranstaltungsbeginn | Tel. 8 91 74 15 00 00 (Mo 9–16, Di–Fr 9–20, Sa/So, Fei 14–20 Uhr) | www.planetarium-wien.at, www.vhs.at | Oswald-Thomas-Platz 1 | U 1, 2 Praterstern | 2. Bezirk*

UNIVERSITÄT WIEN [132 B1]

Ein Leckerbissen für alle, die an Wissenschaftsgeschichte interessiert sind: Die altehrwürdige Alma Mater Rudolphina am Universitätsring bietet sowohl geführte Touren als auch die Möglichkeit, sich beim Portier einen Audioguide auszuleihen und damit ganz individuell den prachtvollen Neorenaissancebau von Heinrich Ferstel zu erkunden. Besonderer Höhepunkt der Audiotour, für die man auch einen Begleitfolder überreicht bekommt, sind die 154 Büsten prominenter Lehrender im Arkadenhof, deren Biografien detailliert beschrieben werden. *Führung 5 Euro, Ausleihgebühr Audioguide 3 Euro (Ausweis mitnehmen!) | Mo–Fr 6–22, Sa 7–19.30 Uhr, Führungen mit Guide Do 18, Sa 10.30 Uhr | Uni-Hauptgebäude, Universitätsring 1 | Tel. 4 27 71 76 01| event.univie.ac.at | U 2, 3 Schottentor | 1. Bezirk*

UNIVERSITÄTS-STERNWARTE 🐷 [138 A2]

Nahe dem Türkenschanzpark steht die größte Sternwarte Österreichs. Im vor über 145 Jahren errichteten Gebäude können Sie in die unendlichen Weiten des Weltalls gucken – kostenlos. Einmal im Monat bietet das zur Universität Wien gehörige Institut für Astrophysik öffentliche Führungen für Interessierte an, inklusive Blick durch das mehr als 10 m lange Linsenteleskop. Ganz nebenbei können Sie sich einen Überblick über die Geschichte der Astronomie verschaffen. *Führung kostenlos, Anmeldung online | Termine s. Webseite | Türkenschanzstr. 17 | Tel. 4 27 75 18 01 | astro.univie.ac.at/oeffentlichkeitsarbeit/fuehrungen | 18. Bezirk*

> Machen Sie's wie die Wiener – die verbringen das Wochenende gern draußen, am Wasser, beim Sport

Wussten Sie, dass man in der Donau auch baden kann? Dass vor den Toren der Stadt einer der spannendsten Nationalparks Österreichs liegt? Und dass Wiener Familien das Wochenende gern im Augarten oder auf der Donauinsel verbringen?

Wien ist grün, in der City und an seinen Rändern, und Ausflüge in die Natur kosten im Allgemeinen nur so viel wie das U- oder S-Bahn-Ticket. Wir führen Sie in den Nationalpark Donauauen, zum Weinwanderweg und zu besonders schönen Plätzen am Wasser. Stellen Aussichtspunkte vor, die nichts kosten, und Architekturdenkmäler, die einzigartig sind,

wie etwa das Hundertwasserhaus im 3. Bezirk. Selbst sportlich gesehen bietet Wien kostenfreies Programm: Packen Sie Ihre Inlineskates ein und sausen Sie freitagnachts mit den Wienern über die Ringstraße. Sogar klettern kann man gratis. Und für Schnuppergäste gibt's Yogastunden zum Preis von 0 Euro.

Das ist Ihnen alles viel zu normal? Auch für verrücktere Erlebnisse finden Sie auf den folgenden Seiten Tipps: Quadrille tanzen unter freiem Himmel? Im Kaffeehaus eigene Gedichte vortragen? Wir wünschen viel Spaß beim Ausflug in Wiens viele, spannende Welten.

MEHR ERLEBEN

AUSSICHTEN

JUBILÄUMSWARTE 🐷 [0]

1898 zum 50-jährigen Regierungsjubiläum von Kaiser Franz Josef I. erbaut, befindet sich auf 449 m Seehöhe eine 31 m hohe Aussichtswarte. Zielpunkt des Wiener Stadtwanderwegs Nr. 4 ist die frei zugängliche Jubiläumswarte am westlichen Stadtrand auf dem Gallitzinberg. Ausgangspunkt ist die Haltestelle Bahnhofstraße der Straßenbahnlinie 49. Nach 2,5 bis 3 Stunden angenehmem Spaziergang durch den Dehnepark erreichen Sie den Aussichtsturm und können den Blick bis zum Schneeberg, einem anderen beliebten Ausflugsziel der Wiener Bevölkerung, genießen. Die Wege werden von der Stadt regelmäßig gepflegt und gesichert. Es gibt Waldspielplätze sowie Sitzgelegenheiten und Tische. Etwas umständlicher auch über die Buslinie 52B erreichbar. *In den Wintermonaten geschlossen | Tel. 4 00 04 90 00 | www.wald.wien.at | 16. Bezirk*

VORORTELINIE S 45 [0] Insider Tipp

Die Schnellbahnlinie S 45 eröffnet ungewohnte Perspektiven auf die westlichen Außenbezirke. Die 17 km lange Strecke zwischen Hütteldorf und Handelskai wurde von Otto Wagner, Wiens Stararchitekt der Gründerzeit, geplant. Die Stationsgebäude, Brücken, Über- und Unterführungen bilden ein prächtiges Jugendstil-Gesamtkunstwerk. Während der Fahrt auf der meist in Hochlage verlaufenden Trasse sieht man schöne Parks, Bäder, Friedhöfe und um 1900 entstandene Wohn- und Villenviertel vorüberziehen. Tipp: Für den schönsten Teil der Strecke ab Penzing zusteigen, fünf Gehminuten von der U 4, Station Hietzing. *Ticket 2,40 Euro | tgl. 5–24 Uhr in 10–15-minütigen Intervallen | Tel. 08 10 22 23 24 | www.vor.at | 14. und 16.–19. Bezirk*

FRIEDHÖFE

FRIEDHOF ST. MARX 🐷 [150/151 C/D4]

Wiens einziger erhaltener und deshalb denkmalgeschützter Biedermeier-Friedhof ist, obwohl von Stadtautobahnen umtost, ein Paradies für Melancholiker. Ein Spaziergang durch die parkähnliche Gedenkstätte mit rund 6000 efeuumwucherten Grabsteinen gleicht einer Zeitreise ins frühe 19. Jh. Der prominenteste Dauergast heißt Wolfgang Amadeus Mozart. An ihn erinnert ein Grabdenkmal (Nr. 179). Wo genau sein Leichnam am 6. Dezember 1791 begraben wurde, ließ sich freilich bis heute nicht klären. *Tgl. April–Sept. 6.30–20, Okt.–März 6.30–18.30 Uhr | Leberstr. 6–8 | Tel. 40 00 80 42 | Straßenbahn 71 Leberstraße | 3. Bezirk*

ZENTRALFRIEDHOF 🐷 [0]

Mehr als drei Millionen Menschen haben auf dem berühmten Wiener Zentralfriedhof seit seiner Eröffnung 1874 ihre letzte Ruhe gefunden. Kulturhistorisch interessant ist vor allem der Bereich der Ehrengräber. Dort liegen zahlreiche Geistesgrößen bestattet – von Beethoven über Schubert bis Franz Werfel – und seit 2015 auch Udo Jürgens. In der weitläufigen und stimmungsvollen israelitischen Abteilung ruhen u.a. Arthur Schnitzler und Karl Kraus. Sehenswert ist die am besten vom Haupttor (Tor 2) aus erreichbare Dr.-Karl-Lueger-Gedächtniskirche, ein wuchtiges Werk des Sezessionismus. Einen Friedhofsplan erhalten Sie am Haupttor. *Nov.–Feb. 8–17, März, Okt. 7–18, April–Sept. 7–19, Mai–Aug. Do 7–20 Uhr | Simmeringer Hauptstr. 232–244 | Straßenbahn 6, 71 | 11. Bezirk*

KULTURPFADE

DORT! 🐷

Entdecken Sie Wiens Historie auf eigene Faust. Ganz und gar kostenlos stellt Martin Auer auf seiner Webseite 139 Audiostories, 144 Fotostories und 20 Videostories zum

Download zur Verfügung. Ganz praktisch wird Ihr Tablet oder Smartphone so zum Audioguide, das zum eigenständigen Flanieren einlädt. Mit interaktiver Karte können alle genannten Orte sowie der eigene Standort eingesehen werden. Themen sind z. B. „Ringstraße – Straße des Protestes", „Wien 1848" oder „Jüdisches Wien". Die Tondokumente für Letzteres umfassen Zeitzeugen-Interviews, zeitgenössische Rundfunkaufnahmen, Schallplattenaufnahmen von liturgischer Musik (Kantoren, die tatsächlich an den Wiener Synagogen tätig waren),

Jüdisches Leben in Wien: Koscher einkaufen ist hier kein Problem

Schallplattenaufnahmen von Volks- und Unterhaltungsmusik (soweit sie den Aufführungsorten in Wien zugeordnet werden können) und vieles mehr! *www.data.gv.at/anwendungen/dort-wien | Bezirke 1–21*

Insider Tipp

FREE WALKING TOUR [132 C3]

Sie können sich das Geld für eine Stadtführung sparen – fast. Good Vienna Tours bietet Spaziergänge mit professionellen Reiseführern durch die Innenstadt an. Der Preis? Ihre Entscheidung, abhängig von Ihrem Budget oder wie es Ihnen gefallen hat. Das ist der Grund, warum sich die Guides besonders ins Zeug legen, wenn sie Touristen zweieinhalb Stunden lang von der Oper Richtung Hofburg bis hin zum jüdischen Viertel lotsen – unter Berücksichtigung der geheimen Ecken Wiens. *Freie Spende | Mo–Sa 10, 14, 17, So 10, 14 Uhr (Onlineanmeldung empfohlen) | Treffpunkt Albertinabrunnen, Albertinaplatz 1 | Tel. 0664 5 54 43 15 www.goodviennatours.eu | U1, 2, 4 Karlsplatz | 1. Bezirk*

KUNST IM ÖFFENTLICHEN RAUM 🐷

Hier und da registriert man vielleicht eines der Objekte im Vorübergehen,

doch allzu oft bleiben sie unbeachtet: Die Rede ist von Kunst im öffentlichen Raum – von der es in Wien mehr als genug gibt. Neben heimischen Größen wie Alfred Hrdlicka (der das Mahnmal gegen Faschismus nahe der Oper gestaltet hat), Valie Export oder Franz West haben sich auch internationale Stars verewigt. So stammt die Plastik am Wasserbecken vor der Karlskirche vom britischen Bildhauer Henry Moore. Um diesen Kunstwerken Tribut zu zollen, hat die Initiative Kunst im öffentlichen Raum (KÖR) einen Folder aufgelegt, in dem 58 Artefakte – nach Bezirken geordnet – aufgelistet sind. Auch ein Blick auf die Webseite lohnt sich: Dort werden Projekte vorgestellt, und es gibt Anregungen für Stadtspaziergänge: *www.koer.or.at | verschiedene Bezirke*

Insider Tipp

NATUR ERLEBEN

ALTE DONAU 🐷 [0]

Besonders stadtnah und idyllisch liegt für die entspannten Momente die Alte Donau. Zehn U-Bahn-Minuten vom Stephansdom, unweit der UNO-City, hat sich an den Ufern dieses vor rund 130 Jahren vom Hauptstrom getrennten Gewässers ein herrlich altmodischer Freizeitbetrieb mit gemütlichen Ausflugslokalen erhalten. Über ein Dutzend Gastronomiebetriebe sowie Bootsverleiher haben in der warmen Jahreszeit geöffnet. Letztere bieten jeweils Drei- bzw. Fünf-Stunden-Karten für Bootsfahrten an, womit man über ein Drittel des Normaltarifs spart. Zentraler Ort für Erholungssuchende ist das Städtische Strandbad Gänsehäufel. Frei zugängliche, über Wiesenufer, Stege und Pontons erreichbare Badeplätze finden sich vor allem am Nordufer, östlich der Wagramer Straße, der sogenannten Unteren Alten Donau. *Infos: www.alte-donau. info, www.gaensehaeufel.at | U 1 Alte Donau | 21., 22. Bezirk*

DONAUAUEN [O]

Das ganze Jahr über kann man den Wiener Teil des Nationalparks Donauauen im Rahmen geführter Exkursionen per pedes oder Rad erkunden. Entlang der Route warten u. a. ein Bibergehege und eine Biberstation sowie eine Waldschule. Die Flussarme, Tümpel, weiten Wiesen und dichten Wälder dieser urwüchsigen Landschaft sind Lebensraum seltener Vögel, Insekten, Fische und Pflanzen. Eine spannende Alternative zu den Thementouren bieten Anfang Mai bis Ende Oktober die Exkursionen zu Wasser an Bord der Nationalpark-Boote. 🐖 Natürlich können Sie auch auf eigene Faust und völlig umsonst die Landschaft erkunden: ==Wanderrouten finden Sie auf der Homepage.== **Insider Tipp** 🐖 Im Besucherzentrum des Nationalparks wien-lobAU gibt es diverse Multimediaschauen und einen Abenteuerspielplatz. *Themenführungen: 10 Euro/ 3 Std. | Tel. 4 00 04 94-80 (Mo–Fr 8–18 Uhr) | www.donauauen.at; Bootstouren* [143 F1]: *12 Euro | Mai– Okt. tgl. 9 Uhr | Abfahrt Donaukanal/ Salztorbrücke | U2, 4 Schottenring, Straßenbahn 1, 2 | 1. Bezirk; Nationalparkhaus wien-lobAU: Eintritt frei | Anf. März–Ende Okt. Mi–So 10–18 Uhr | Dechantweg 8 | Tel. 4 00 04 94 95 | www.nph-lobau.wien. at | U1 Leopoldau, Bus 93A Oberdorfstraße | 22. Bezirk*

FKK LOBAU 🐖 [O]

Die urwüchsige Aulandschaft Lobau im Osten Wiens ist ein frei zugängliches Refugium für Naturliebhaber. Wer FKK mag, steuert die Dechantlacke, einen idyllischen See (Wien

22, Zugang vom Hubertusdamm), oder den unvollendeten Donau-Oder-Kanal (in Groß-Enzersdorf) an. *Dechantlacke: U1 Kaisermühlen, ab da Bus 91A Roter Hiasl | 22. Bezirk; Donau-Oder-Kanal: U1 Kagran, ab da Bus 26A Endstation | Groß-Enzersdorf*

LAINZER TIERGARTEN 🐷 [0]

Das waldreiche, rund 2500 ha große Naturschutzgebiet eignet sich hervorragend für ausgedehnte Wanderungen. Am westlichen Stadtrand gelegen und von einer 21 km langen Mauer umfasst, wird dieses letzte Stück urtümlicher Wienerwald von zahlreichen frei lebenden Wildtieren, etwa Hirschen, Rehen, Mufflons und Wildschweinen, bevölkert. Sechs Waldspielplätze, mehrere Naturlehrpfade und eine Aussichtswarte sorgen für zusätzliche Abwechslung, drei Gastronomiebetriebe für das leibliche Wohl. In der im 19. Jh. für Kaiserin Elisabeth erbauten Hermesvilla veranstaltet das Museum Wien jährlich interessante Sonderausstellungen. Hintergrundinformationen zur Natur des Lainzer Tiergartens vermittelt – u. a. anhand eines interaktiven Geländemodells – das Besucherzentrum

beim Lainzer Tor. *Eintritt frei, Hermesvilla 7 Euro (Tipp: jeden ersten So im Monat freier Eintritt!) | Öffnungszeiten je nach Saison 8–17 bzw. spätestens 21 Uhr | www.lainzer-tiergarten.at | Zutritt über insgesamt sechs Tore, am leichtesten erreichbar sind das Nikolai- und das Lainzer Tor | U4 Hütteldorf, Straßenbahn 60 Hermesstraße | 13. Bezirk*

SPORT

DONAUINSEL 🐷 [0]

Wiens meist frequentiertes Naherholungsgebiet ist in den 1970er-Jahren entstanden, als man der Donau zwecks dauerhaftem Hochwasserschutz ein parallel verlaufendes „Entlastungsgerinne" grub. Als eine Art Binnenadria ist die 200 m breite und über 20 km lange künstliche Insel das Idealrevier für Aktivsportler. Hier kann man alle nur erdenklichen Sportarten, vom Radfahren, Joggen, Skaten und Skateboarding bis zum Streetsoccer, Fuß-, Basket- und Beachvolleyball, ausüben. Als Lebensadern dieses Freizeitparadieses, das naturbelassener wird, je weiter man sich vom zentralen Bereich nahe der U-Bahnstation fortbewegt, fungieren die asphaltierten Radwege ent-

---

Bild: Die Donauinsel ist autofrei: perfekt um ungestört zu skaten – natürlich gratis

lang der beiden Ufer. Apropos Beach: Das Nonplusultra für alle, die überfüllte Schwimmbäder und Chlor nicht mögen, sind die hiesigen, insgesamt rund 42 km langen Naturbadestrände. Allgemeine Infos unter *www.wien. gv.at/umwelt/gewaesser/donauinsel.*

FOOTBAG

Was früher als Schülerstreich unter dem Namen „Hackysack" durchs Klassenzimmer flog, heißt mittlerweile „Footbag" und ist auch eine Sportart für Erwachsene. Populär sind vor allem die Varianten „Netzspiel", bei dem der Ball ähnlich dem Volleyball per Fuß oder Unterschenkel über ein Netz ins gegnerische Feld befördert wird, und „Freestyle", bei dem Geschicklichkeit und Tricks im Vordergrund stehen. Treffpunkte im Sommerhalbjahr informell, u. a. im Burggarten, MQ und am Heldenplatz. *Infos: www.footbag.at oder kurzfristige Infos unter www.face book.com/footbagvienna*

FREE GYM

Sie müssen nicht zahlen, um gesund zu schwitzen. An rund 30 Orten quer durch die ganze Stadt stehen Gymnastikanlagen für größere und kleinere Workouts – und das in der frischen Luft. Egal, ob Sie nach einem Ort für ihr tägliches Fitnessprogramm suchen oder ob Sie nach einer langen Kneipennacht etwas Bewegung zum Munterwerden brauchen, die Geräte sind so eingestellt, dass sie für jede Körpergröße und für jeden Anspruch passen. Zusatznutzen: Sie finden unter Garantie Gleichgesinnte und kommen mit Einheimischen ins Gespräch. *Eintritt frei | www.freegym.at/parks-wien.html | verschiedene Bezirke*

FRIDAY NIGHT SKATING   [132 B3] *Insider Tipp*

Von Mai bis September laden die Wiener Grünen jeden Freitag spätabends zum großen Skater-Spektakel in der City ein. Hunderte Inline-Begeisterte rollen dann rund eineinhalb Stunden lang im Pulk quer durch die Nacht, quer durch die Stadt. Und setzen damit zugleich ein politisches Zeichen für umweltfreundliche Mobilität im urbanen Raum. Die Paradestrecken führen vom Ring über die Wienzeile bis nach Schönbrunn und retour oder hinüber an die Alte Donau. Wer mitmachen will, braucht sich nicht anzumelden. Einfach zum Treffpunkt kommen und los geht der

Spaß! *Eintritt frei | Jeden Fr kurz vor 21 Uhr | Abfahrt Heldenplatz | Informationen: Grüner Klub im Rathaus | Tel. 4 00 08 18 00 | wien.gruene.at/ skater | U3 Herrengasse | 1. Bezirk*

KLETTERN 🐷   [135 D3]
Eine tolle Boulderwand hat man nahe der neuen Park&Ride-Station Spittelau neben dem Donaukanal installiert. Und noch besser: Man kann hier umsonst klettern. Die Platten sind aus Beton, jeweils unterschiedlich in Neigung und Schwierigkeitsgrad. *www.urban-boulder. com | U6 Spittelau | 9. Bezirk*

MOTORIKPARK 🐷
Wer sagt, dass Spielplätze nur etwas für Kleine sind? Bei den beiden Motorikparks können Sie Ihr inneres Kind rauslassen. Vom Wackelbrett über Wasserskizylinder, bei denen man sich mit einem Seil festhält, während man eine schräge Wand entlangläuft, bis zum Windsurfsimulator: Die Parcours lassen Abenteuerherzen höher schlagen und schonen die Brieftasche. *Eintritt frei | Motorikpark 10* [132 C3]: *Helmut-Zilk-Platz | U1 Hauptbahnhof | 10. Bezirk; Motorikpark 22: Süßenbrunner Str. 101 | U1 bis Kagraner Platz, Bus 24A Breitenleer Straße/Arnikaweg | Tel. 76 08 00 | www.motorik park-wien.at*

WIEN ERLAUFEN 🐷
Wiens attraktivste Lauf- und Walkingstrecken sind beschildert und am jeweiligen Ausgangs- und Endpunkt mit sogenannten Running-Checkpoints, die über Länge, Verlauf und Eigenheiten informieren, versehen. Gratispläne mit den schönsten – durchwegs frei zugänglichen – Lauf- und Walkingrouten in der Stadt und der nahen Umgebung sind erhältlich unter *www.wienläuft.at.*

WELLNESS
BADESCHIFF   [133 E1]
Das ist doch mal was anderes: ein Frachtschiff, umgebaut zum 30-Meter-Open-Air-Pool, mit Sonnendecks und guter Gastro-Bar. Klar, dass am Ufer ein kleiner Badestrand nicht fehlen darf. Vor Anker liegt die schicke Freizeitinsel am Donaukanal in absoluter Citylage – am Franz-Josefs-Kai zwischen Schwedenbrücke und Urania-Sternwarte. Die Tageskarte kostet 5 Euro. Dafür darf man aber, anders als in den städtischen

Bädern, **so oft kommen und gehen, wie man will.** Ideal also an heißen Tagen für Stadtflaneure und Touristen, die ab und an eine kleine Abkühlung brauchen. *Ca. Mai–Sept. tgl. 8–22 Uhr | Obere Donaustr. 97 | Tel. 0660 1 58 67 18 | www.badeschiff.at | U 1, 4 Schwedenplatz und verschiedene Nachtbusse | 1. Bezirk*

YOGAZENTRUM ASHTANGAVIENNA [0]

Rosi Wagner und ihr Team heißen alle zu einer 🐷 kostenlosen Schnupperstunde in ihrem Yogazentrum willkommen (Termin nach Vereinbarung). Unter professioneller Anleitung werden die Körperpositionen und Atemtechniken nach dem Prinzip von Ashtanga alias Power Yoga gezeigt und gemeinsam ausprobiert. Und das vollkommen umsonst! Matten, Decken und Sitzkissen sind im Zentrum vorhanden. *Herbeckstr. 27 | Tel. 0676 4 71 14 27 | www.ashtanga-vienna.at | Straßenbahn 9, 41, Bus 10A, S45 Gersthof | 18. Bezirk*

ZUM MITMACHEN

AUGARTEN 🐷 [139 F2–4]

Wiens ältester Barockgarten ist ein viel frequentiertes Freizeitparadies sowie Ort der interkulturellen Begegnung. Fünf Kinder- und diverse Ballspielplätze, u. a. für Beachvolleyball und Boule, gibt es nebst großflächigen Liegewiesen für jedermann. Außerdem: ein dichtes Wegenetz für Walker und Jogger, ein Kinderfreibad, dazu Freiluftkino, Bezirksfeste, Partys, Diskussionsforen und vieles mehr. Der Augarten macht im Sommer viel Spaß und ebenso viel Programm. Zum Ausruhen gibt es zudem einen Gastronomiebetriebe: das Café Restaurant Augarten *(www. augarten.com). Park: je nach Jahreszeit (von frühmorgens bis zum Einbruch der Dunkelheit) | www. augarten.org | insgesamt 9 Zugänge | Straßenbahnen 5, 21, 31, N, Bus 5A | 2. und 20. Bezirk*

FASCHINGSBEGINN MIT TANZ AUF DEM STEPHANSPLATZ 🐷 [132 C2]

Ein öffentlicher Auftakt in die Ballsaison mit großem Spaßfaktor: Alljährlich am 11. November um Punkt 11.11 Uhr laden Wiens Tanzschulen Einheimische und Gäste der Stadt zum gemeinsamen Tanz unter freiem Himmel ein. Als Parkett dient der Stephansplatz in der City-Fußgängerzone. Auf dem Programm stehen neben der traditionellen Fledermaus-Quadrille auch Walzer und Galopp. Erwartet werden Jahr für Jahr rund 3000 Tänzer und Tänzerinnen. Keine Angst vor Blamage, es geht um den Spaß! Die Teilnahme ist kostenlos, die Belohnung in Form von Schwedenbomben (Schokoküssen) ebenso. Anweisungen für die richtigen Schritte und Drehungen erfolgen per Lautsprecher, Beginn des Kurztrainings für die **größte Quadrille der Welt** ist um 10.30 Uhr. Da kann also eigentlich gar nichts mehr schief gehen. *Eintritt frei | Stephansplatz | U 1, 3 Stephansplatz | 1. Bezirk*

Insider Tipp

RUNDUMADUM 🐷

Ein wichtiger Faktor für die Lebensqualität der Donaumetropole ist ihr Grüngürtel, der sie fast zur Gänze umgibt und der schon vor über 100 Jahren unter Schutz gestellt wurde. Auf dem „Rundumadum"-Weg kann man – nomen est omen – das ganze Stadtgebiet umwandern. Er führt von den Donauauen durch das Marchfeld zum Bisamberg und in westlichem Bogen durch den Wienerwald. Im Süden schließt sich der Kreis über Laaer Berg und Simmeringer Heide. Die volle Tour ist 120 km lang, aber

Sie können sich die 24 leicht zu bewältigenden und gut ausgeschilderten Etappen auch einzeln vorknöpfen. Ein Übersichtsplan mit Beschreibungen aller Wegetappen ist gratis über die Stadtinfo *(Tel. 4 00 05 51 10)* bestellbar; alles Wissenswertes auch unter *www.natuerlichwien.at/rundumadum/dergruenguertel.*

SOMMERFEELING AM DONAUKANAL

Wenn die Temperaturen steigen und die Tage spürbar länger werden, klappen die Wiener an den Ufern des Donaukanals die Liegestühle auf und erklären gleich mehrere Sandstrände samt zugehörigen Szenelokalen für eröffnet. Essen und Getränke kosten eine Kleinigkeit, 🐷 doch das Urlaubsgefühl, DJ-Sound inklusive, sowie die Nutzung von Liegen und Bocciakugeln sind gratis. 🐷 An der Summerstage gibt's Trampoline zur Gratisnutzung, jeden Samstag und Sonntag wird von 17 bis 21 Uhr kostenlose Kinderbetreuung angeboten, es gibt einen Skulpturengarten sowie eine Open-Art-Galerie. Alle Attraktionen sind nur bei schönem Wetter geöffnet, ab April/Mai bis September oder Oktober. *Adria Wien* [143 F1]:

tgl. 11–1 Uhr | nahe der Salztorbrücke | www.adriawien.at | Straßenbahn 1 Salztorgasse, U4 Schottenring | 2. Bezirk; Strandbar Herrmann [133 F1]: 31. März–29. Sept. tgl. 10–2 Uhr | Dampfschiffstraße/Aspernbrücke (nahe der Urania gelegen) | Tel. 0688 8 66 60 36 | www.strandbarherrmann.at | U 1, 4 Schwedenplatz | 3. Bezirk; Tel Aviv Beach [139 E4]: tgl. 12–24 Uhr | Obere Donaustraße (nahe U-Bahn-Station) | www.neni.at | U2, 4 Schottenring | 2. Bezirk; Summerstage [139 E4]: Mo–Sa 17–1, So 15–1 Uhr | Rossauer Lände (nahe bei der U-Bahn-Station) | Tel. 3 15 52 02 | www.summerstage.at | U4 Rossauer Lände | 9. Bezirk

ZUM ZUGUCKEN

ANKERUHR 🐷 [133 D1]

High Noon am Hohen Markt: Sie ist 10 m breit und 7,5 m hoch und gilt als Schlüsselwerk des Jugendstils. Die 1911 nach Plänen des Malers Franz von Matsch erbaute Ankeruhr verbindet in der Nordostecke des Innenstadtplatzes zwei Gebäude. Wer kurz vor 12 Uhr in der Gegend unterwegs ist, der sollte unbedingt die Figurenparade verfolgen: In einem Fenster der Mosaikwand ziehen zwölf kupferne Gestalten vorbei, die, von Marc Aurel über Karl den Großen und Prinz Eugen von Savoyen bis Maria Theresia, allesamt für die Stadtgeschichte bedeutsame Persönlichkeiten darstellen. Dazu erklingen passende Musikstücke. Ein kurioses Erlebnis zum Nulltarif. Tgl. 12 Uhr | Hoher Markt 10–11 | U1, 3 Stephansplatz | 1. Bezirk

SCHLOSS NEUGEBÄUDE [0]

Das vor rund 500 Jahren im Auftrag von Kaiser Maximilian II. erbaute Renaissanceschloss wurde 2003 wieder zur allgemeinen Nutzung freigegeben. Seither finden auf dem weitläufigen Areal ganz unterschiedliche Veranstaltungen statt: Mitte September wird z. B. 🐷 ein ganzes Wochenende lang bei freiem Eintritt ein großes Mittelalterfest gefeiert – mit Schaukämpfen, Märkten sowie schönen Handwerksständen. Weitere Events: der bunte Ostermarkt, Operettenabende, Kabarettveranstaltungen, Konzerte und noch so einiges mehr. Otmar-Brix-Gasse 1 | Info-Hotline: 0676 5 50 55 55 | www.schlossneugebaeude.at | U3 Simmering, dann Bus 73A Hörtengasse | 11. Bezirk

Bild: Urlaubsgefühle – Strandbar Herrmann am Donaukanal

> **Kaffeehaus, Schnitzel, internationale Esskultur: Die Wiener Küche ist meist gut und oft gar nicht teuer**

Stimmt schon, die Wiener Küche ist nicht ganz kalorienarm. Raffinierte Speisekarten, leichte Kost und cooles Ambiente werden Sie hier aber trotzdem häufig finden, Wiens Gastronomen haben sich in den letzten 10 bis 15 Jahren nämlich einen erstklassigen Ruf erkocht. Die Stadt gilt heute international zu Recht als Gourmet-City. Zudem gibt es ein paar ganz typische Institutionen: das Kaffeehaus (das der Wiener nicht nur zu Kaffee und Kuchen, sondern auch gern nachts frequentiert), das Beisl und der Heurige. Alle drei besitzen nicht nur eine uralte Tradition und sehr originelle Atmosphäre, in ihnen einzukehren ist, überwiegend zumindest, auch wohltuend erschwinglich.

Viel Genuss für nicht so viel Geld, das geht in Wien ziemlich gut, wie unsere Adressen zeigen. Gasthäuser, Imbisse, Kantinen stellen wir Ihnen vor – aber auch Spitzenrestaurants wie der Salonplafond im MAK oder der Pfarrwirt, die einen günstigen Mittagstisch anbieten. Weiterer Tipp: auf einem typischen Wiener Markt einkaufen und dann picknicken, etwa auf dem Cobenzl oberhalb von Grinzing. Da nehmen Sie ganz romantisch auf einer ehemaligen Schlossterrasse Platz und genießen Wiener Spezialitäten.

ESSEN & TRINKEN

EISDIELEN

MOLIN-PRADEL [143 F2]

Kenner mit Hang zu leiser Nostalgie werden das Molin-Pradel lieben. Der stilvolle Eisladen gehört zu den unbestritten besten und preisgünstigen in der Innenstadt („Minibecher" mit drei Sorten 3,30 Euro). Der Familienbetrieb liegt gleich neben dem Donaukanal und wurde schon im Jahr 1886 (!) gegründet. Sympathisches, etwas altmodisch-italienisches 60er-Jahre-Ambiente mit Terrazzo-Boden, bunten Sitzmöbeln und Wanddekor. Das Sortiment umfasst 150 Sorten, von Aschanti über Guava bis Tiramisu. Auch Veganer und Diabetiker kommen auf ihre Kosten! *Ca. Mitte März–Ende Sept. tgl. 10–23 Uhr | Franz-Josefs-Kai 17 | Tel. 5 33 19 96 | www.gelato.at | U1, 4 Schwedenplatz | 1. Bezirk*

RENATO [147 D3]

Dolce Vita fast wie in den 50er-Jahren: Der Eisladen von Renato Piucco verströmt dank Nierentischchen und Bakelit-Dekor noch den wunderbaren Charme aus den Zeiten von Vespa, Fiat 500 und Caterina Valente. Er wäre hier aber nicht empfohlen, schmeckten die Standards Marke Vanille, Haselnuss, Pistazie & Co. nicht vorzüglich. Touristisch relevant ist auch die Location, nur zwei Gehminuten von U-Bahn und Osttor des Schönbrunner Schlossparks entfernt. Die Preise (1 Euro/Kugel) sind für die großen Portionen wirklich außerordentlich günstig. *Ca. Anfang Ap-*

ril–Anfang Okt. tgl. 10–22.30 Uhr | Winckelmannstr. 4 | Tel. 8 93 53 17 | U4 Schönbrunn | 15. Bezirk

TICHY [149 F5]

Eine Institution für Schleckermäuler, abseits der Touristenströme im Arbeiterbezirk Favoriten gelegen und dennoch – oder auch gerade deshalb – selbst bei kühlerem Wetter in der Regel proppenvoll. Hier gehen vor allem die Einheimischen Eis essen. Den Besucher erwartet ein kitschigschöner Gastraum mit Plüsch und vielen Spiegeln, günstige Preise sowie ein äußerst effizienter Service. Speziell probierenswert: die Eisbusserln (2,80 Euro/Stk.) und die vom Maestro höchstpersönlich erfundenen Eismarillen- bzw. Himbeerknödel (2,20 Euro/Stk.). *Eine Tüte Eis mit 3 Sorten ca. 2,20 Euro | ca. Mitte März–Mitte Okt. tgl. 10–23 Uhr | Reumannplatz 13 | Tel. 6 04 44 46 | www.gastroweb.at/tichy-eis | U 1 Reumannplatz | 10. Bezirk*

GASTHÄUSER

GASTHAUS KOPP [135 F5]

Die Vorstadt hat für hungrige Budget-Touristen ihre Reize. Einer davon ist das Gasthaus Kopp. Üppig sind hier nur die Portionen und die Kalorien, nicht aber die Preise. Etwa das supersaftige Schnitzel mit Erdäpfelsalat, für das Sie nur 9 Euro löhnen müssen. *So/Mo 6–24, Di 6–16, Mi–Sa 6–1 Uhr | Donaueschingenstr. 28 | Tel. 3 30 43 92 | www.gasthaus-kopp.at | U 6, S-Bahn Handelskai, Bus 11A, 11B Allerheiligengasse | 20. Bezirk*

GASTHAUS QUELL [147 E2] Insider Tipp

Der urwüchsige Nahversorger der Hungrigen im Bezirk Rudolfsheim-Fünfhaus wandelte sich unter der Führung des unverwechselbaren „Poldi" (Leopold Quell jun.) zum Kultbeisl. Seit 1896 für seine verlässlich gute Küche bekannt, wurde das Wiener Original in den 1930ern von Leopold Quell senior übernommen. Das Ambiente wurde seither kaum verändert und machte das Quell zum beliebten Treff von Künstlern, Arbeitern und Akademikern gleichermaßen. Der Wiener Kultmusiker und Stammgast Ostbahn Kurti widmete dem Lokal sogar ein ganzes Album. Heute wird es von Eduard Peregi geleitet, ebenfalls Sohn einer Fünfhauser Legende. Gelobt von Theaterleuten, bildenden Künstlern und (!)

Spitzenköchen, sind die Speiseempfehlungen Gulasch (5,50 Euro), Specklinsen mit Spiegelei und Semmelknödel (8,90 Euro). *Mo–Fr 11–24 Uhr (durchgehend warme Küche bis 22.45 Uhr) | Reindorfgasse 19 | Tel. 8 93 24 07 | www.gasthausquell.at | U 6 Gumpendorferstraße, U 4, 6 Längenfeldgasse, U 4 Meidlinger Hauptstraße | 15. Bezirk*

HANSY [140 B5]

Ein echt Wiener Vorstadtgasthaus nach guter, alter Sitte: Der Schankraum ist gekachelt, die Einrichtung schlicht, der Gastgarten weiträumig und die Hausmannskost handfest, stärkend, tadellos. Aus der Getränkekarte ragen diverse Wiener Weine und das hauseigene Bier namens Hansy-Bräu hervor. Fazit: eine langjährig erprobte Raststation auf dem Weg zum oder vom Riesenrad und Wurstelprater. *Tgl. günstiges Zwei-Gang-Menü für 7,90 Euro | tgl. 9–23 Uhr (warme Küche durchgehend bis 22.30 Uhr) | Praterstr. 67, Heinestr. 42 | Tel. 2 14 53 63 | www.hansybraeu.at | U 1, 2 Praterstern | 2. Bezirk*

Im Hansy wird Hausmannskost im besten Sinne aufgetischt – und gemütlich ist es auch

ODYSSEUS [147 B2]

In diesem sympathisch hellen Lokal wartet auf die hungrigen Wienbesucher nach der Besichtigung von Schloss Schönbrunn, keine fünf Gehminuten vom Hietzinger Tor des Schlossparks, ein bunter Mix an ausgezeichneten griechischen Spezialitäten. Ein Hit sind die Mittagsmenüs wochentags von 11.30 bis 15 Uhr (ab 7,30 Euro, große Portionen!). In den Sommermonaten gibt's dazu Soda-Zitrone oder andere Säfte für 0,80 Euro. *Tgl. 11.30–23 Uhr (warme Küche bis 22.30 Uhr) | Tel. 8 94 28 01 | www.restaurant-odysseus.at | U 4 Hietzing | 14. Bezirk.*

REINTHALER [132 C3] *Insider Tipp*

Die Innenstadt muss nicht überteuert sein. Ein heißer – besser: deftiger – Tipp ist dieses schnörkellose Gasthaus mit rot-weiß-karierten Tischdecken. In diesem Beisl, wie man die Kneipen in Wien nennt, trifft sich so ziemlich alles: vom Banker bis zum Hilfsarbeiter. Die Preise sind mehr als moderat: Ein zweigängiges Menü ist

CLEVER!

> *Imbiss im Stehen – am Würstelstand*

Eine typisch wienerische und preiswerte Art, den kleinen Hunger zu stillen, bieten meist bis tief in die Nacht die über die ganze Stadt verstreuten Würstelstände. Als Spezialitäten gelten hier in der Regel Bratwurst, Leberkäse, Bosna, Debreziner und Käsekrainer. Dazu gibt's eine „Hülsen", sprich: eine Dose Bier. Die Portionen kosten ca. 2,80 bis 4 Euro. Zu den besten Wurstbuden in Wien zählen: **Bitzinger** [132 C3]: *Tgl. 8–4 Uhr | Augustinerstraße 1 | U 1, 2, 4 Karlsplatz bzw. beim Riesenrad | So–Mi 10–1, Do–Sa 10–4 Uhr | Gabor-Steiner-Weg* [140 C5] *| U 1, 2 Praterstern;* **Horvath** [143 D5]: *Mo–Fr 9–19, Sa 10–16 Uhr | Naschmarkt, Stand 67 | U 4 Kettenbrückengasse |* **Leo** [138 C2]: *Mo–Sa 10–4, So 12–2 Uhr | Nußdorfer Straße, Ecke Währinger Gürtel | U 6 Nußdorfer Straße;* **Würstelstand am Hohen Markt** [133 E1]: *Tgl. 9–4 Uhr | U 1, 4 Schwedenplatz;* **Mariahilfer Wurststadel** [142 C5]: *Mariahilfer Straße 77, Ecke Amerlinggasse | Mo–Fr 10–4, Sa/So, Fei 17–4 Uhr | U 3 Neubaugasse.*

ab 6,50 Euro zu haben. Ein heißer Tipp sind die süßen Spezialitäten: etwa drei Stück Palatschinken (Pfannkuchen) mit allerlei Füllungen für 5,40 Euro. Ein Viertel gespritzter Weißwein kostet 2,30 Euro. Die Bedienung ist nett, ein Zusatzplus ist der efeuumrankte Schanigarten. Und die zentrale Lage, gleich um die Ecke von Oper, Albertina und Kaisergruft. *Hauptspeisen ab 7,20 Euro | Mo–Fr 9–23 Uhr (Küche 11–22 Uhr) | Gluckgasse 5 | Tel. 5 12 33 66 | www. gasthaus-reinthaler.at | U 1, 2, 4 Karlsplatz | 1. Bezirk*

SALM BRÄU [144 A5]

Ideal, um sich nach dem Besuch des Belvedere reisebudgetschonend zu stärken: die nach alten Rezepten selbstgebrauten Bierspezialitäten (zur Happy Hour Mo–Fr 13–17, Sa 12–16 Uhr zum halben Preis!), dazu kraftvolle Suppen, üppig belegte Schwarzbrote, Spareribs, Eiernockerln, diverse Pfandlgerichte, aber auch Vegetarisches (Mittagsmenü ab 11 Uhr um 6,90 Euro). Das Sonntags-Spezialangebot Sürstelze (Schweinehaxe) für zwei Personen inkl Senf und Kren um 18 Euro. *Hauptgerichte ab 7,90 Euro | tgl. 11–24 Uhr | Rennweg 8 | Tel. 7 99 59 92 | www.salmbraeu.com | Straßenbahn 71 Unteres Belvedere | 3. Bezirk*

SCHLOSSBRÄU [146 B3]

Sind Sie nach dem Besuch des Schlosses Schönbrunn hungrig geworden? Dafür gibt's Abhilfe: Das Schlossbräu bietet neben großem Gastgarten und K.-u.-k.-Saal ein leckeres Hausbier und mehrgängige Tagesmenüs: riesig, deftig und brieftaschenschonend ab 7,50 Euro. Und das Viertel Grüner Veltliner ist mit 2 Euro absolut leistbar. *Mo–Sa 10–1 Uhr | Am Platz 5 | Tel. 8 79 59 70 | U 4 Hietzing | 13. Bezirk*

SCHNITZELWIRT [142 B/C4]

In dieser Traditionsadresse zählen Einrichtung und Service eher wenig, dafür sind die Portionen riesig und preiswert, sodass – ein gutes Zeichen! – viele Taxifahrer hierherkommen, um ihren Riesenhunger zu stillen. Preisbeispiele: „Schweinswiener ohne" zu 7,20 Euro, Pariser Schnitzel mit Salat für 11,80 Euro. *Mo–Sa 11–21.30 Uhr | Neubaugasse 52 | Tel. 5 23 37 71 | www.schnitzelwirt. co.at | Straßenbahn 49, U3 Neubaugasse | 7. Bezirk*

SCHÖNE PERLE [139 F4]

Wer ein betont schlichtes, helles Ambiente mit klaren Linien liebt, fühlt sich hier wohl. Zumal man in dem ehemaligen China-Restaurant Beisl- und Fusion-Küche erster Güte mit mediterranem Einschlag serviert – und das auch noch zu äußerst verträglichen Preisen. Wie wär's mit Leberknödel- oder Roter Linsensuppe für 3,80 Euro und danach Erdäpfelgulasch mit Wurst und Fladenbrot für 8 Euro? Ein Muss für Schokoliebhaber: die mit sämigem Mousse angerührte Susitorte (4,80 Euro). *Mittagsmenü Mo–Fr 12–18 Uhr 7,20 Euro, nur Barzahlung | Mo–Fr 12–23, Sa/So 10–23 Uhr (Küche durchgehend) |* *Große Pfarrgasse 2/Ecke Leopoldgasse | Tel. 0664 2433593 | www.schoene-perle.at | U2 Taborstraße | 2. Bezirk*

WINKLERS ZUM POSTHORN [144 B4]

Nein, für diät- und figurbewusste Esser ist dieses Uraltwirtshaus wohl nicht die ideale Adresse. Wer sich aber beherzt durch klassische Beisl-Standards à la Gröstl (geröstete Kartoffeln mit Speck), Gulasch und Gebackenes kosten will, ist hier ganz richtig. Schon Friedensreich Hundertwasser und Kabarettlegende Helmut Qualtinger schätzten als Stammgäste die handfesten Küchenkreationen: die Leberknödelsuppe für 3,80 Euro

z. B., Reisfleisch mit Parmesan (für 8,90 Euro), Spinat-Schafkäseknödel mit Salbeibutter (8,50 Euro) oder die gerösteten Knödel mit Ei und Salat für 8,40 Euro. Dazu bekommen Sie ein würziges Biobier aus dem Waldviertel serviert. *Kleine Speisen 4,40–6,40 Euro, große ab 6,80 Euro | Mo–Fr 17–24, Di–Do auch 12–14.30 Uhr | Posthorngasse 6 | Tel. 0664 4 31 21 23 | www.winklers-zumpost horn.at | Straßenbahn O Neulinggasse | 3. Bezirk*

WRATSCHKO [142 C3]

Das Wratschko ist unter Wienern beliebt und wird von Gästen, die Wien und die gute Küche schätzen, empfohlen. Hauptspeisen gibt es ab 8 Euro. Neben traditioneller Alt-Wiener Küche (Schweinsbraten, Leber, Schnitzel; berühmt: faschierte Laibchen mit vielgelobtem Kartoffelpüree für 10,50 Euro) gibt es auch hervorragende vegetarische Speisen (etwa gebratenen Kürbis in Curry-Sauce mit Reis). Küchenchef Clemens Wratschko interpretiert Wiener Hausmannskost kreativ neu. Regionale biologische Produkte werden frisch zubereitet. Die einzigartige Atmosphäre entsteht durch die Originaleinrichtung aus der Jahrhundertwende, das Helmut-Qualtinger-Plakat und geätztes Milchglas, es gibt auch einen Außenbereich (Schani-garten). *Mo–Sa 17–1, (warme Küche 18–23) Uhr, Fei geschl. | Neustiftgasse 51 | Tel. 5 23 71 61 | www.wratschko.wien | Bus 48A, 13A Kellermanngasse | 7. Bezirk*

IMBISSE

CENTIMETER [142 C2]

Drei Filialen dieser Lokalkette liegen zentrumsnah, und bei allen überzeugen Originalität und ein extrem günstiges Preis-Leistungs-Verhältnis. Die Speisekarte in Form eines Zollstocks verspricht u. a. vielerlei dick belegte Riesenschwarzbrote, die man nach Länge bezahlt. Und zwar, je nach Garnierung, 20 bis 25 Cent für jeden Zentimeter. Man sitzt recht gemütlich, eingerichtet sind die Filialen mit viel Holz. *Tagesteller ab 6,90 Euro | tgl. 8.30–24 o. 1 Uhr | Stammhaus: Lenaugasse 11 | Tel. 4 70 06 06 | www. centimeter.at | U2 Rathaus | 8. Bezirk; Filialen: Währinger Gürtel 1* [138 B5] *| U6 Alser Straße | 18. Bezirk; Stiftgasse 4/Siebensterngasse 16a* [142 C4] *| U3 Neubaugasse | 7. Bezirk; Gersthoferstr. 51 | S-Bahn*

Gersthof, Straßenbahn 9, 40, 41 Gersthof/Genzgasse | 18. Bezirk

Insider Tipp
TRZESNIEWSKI [132 C3]

Die kuriose Kalorientankstelle verbirgt sich in einer Seitengasse des prächtigen Grabens. Das Stammhaus der sympathischen Caterer-Kette bietet, wie auch die mittlerweile zehn Filialen, ausschließlich Brötchenbufett – kleine Schwarzbrotschnitten, die mit Sardellen, Frischkäse-, Paprika-, Ei- oder manch anderen seit über 100 Jahren nach Geheimrezept fabrizierten Aufstrichen belegt sind. Komplettiert werden die leckeren Snacks in der Regel durch einen Pfiff Bier (0,2 l) oder einen frischen Eistee. *Alle Brötchen 1,30 Euro | Mo–Fr 8.30–19.30, Sa 9–17 Uhr | Dorotheergasse 1 | Tel. 5 12 32 91 | www.trzesniewski.at | U 1, 3 Stephansplatz | 1. Bezirk; Filiale: Bahnhof City Wien West | Mo–Fr 7–23, Sa/So ab 8 Uhr (hier ab 22 Uhr Abverkauf, jedes Brötchen 0,80 Euro!) | Europaplatz 1 | U3, U6 Westbahnhof | 7. Bezirk*

KAFFEEHÄUSER
AIDA [133 D2]

Verteilt über die ganze Stadt finden sich in Wien 31 Filialen dieser im charakteristischen Punschkrapferl-Rosa gestalteten Café-Konditorei-Kette. Sie sind als Treffpunkte für den ungezwungenen Plausch oder zur Rast bei einem schnellen Espresso (1,90 Euro) und einem Stück exquisiter Torte aus eigener Herstellung (ab 2,60 Euro) bei Wienern und Gästen gleichermaßen beliebt. Wer's pikant liebt, findet auch belegte Brötchen, Toasts, Gabelroller (Fisch- und Gemüsestückchen mit Mayonnaise in Aspik eingelegt) und andere Häppchen. Das meistfrequentierte Lokal befindet sich an der Ecke des Stephansplatzes. Dessen schönste Tische stehen im Garten oder hinter der Glasfront im ersten Stock. *Hausgemachte Torte ab 2,60 Euro | Mo–Fr 7–22, Sa/So 8–22 Uhr | Singerstr. 1 | Tel. 89 08 98 82 10 | www.aida.at | U 3 Stephansplatz | 1. Bezirk*

CAFE BENDL [142 A1]

Das Café Bendl, einen Steinwurf vom Rathaus entfernt, ist ein „Tschocherl", wie man in Wien sagt: eine leicht muffige, aber urgemütliche Kneipe. In der Extrastube mit dem bunten Wurlitzer treffen sich Gott und die Welt. Die Stimmung ist meist schon untertags beschwingt, die

ESSEN & TRINKEN

Preise mehr als in Ordnung. In der Küche steht kein Haubenkoch, aber alles, was serviert wird, ist gut genießbar. Es gibt Suppen, Brote, Gulasch oder Würstel: alles unter 6 Euro. Und – Nachtschwärmer aufgepasst – <mark>die Küche ist bis lange nach Mitternacht geöffnet.</mark> Abends gehört es zum guten Ton, Bierdeckel zum Nachbartisch zu werfen. Doch Vorsicht: nicht, wenn die Kellnerin den Raum betritt. Sonst muss der Übeltäter nach altem Brauch eine Lokalrunde bezahlen – und das kann teuer werden. *Würstel oder Gulasch ab 5 Euro | Mo–Do 6–2, Fr 6–4, Sa 18–4, So 18–2 Uhr | Landesgerichtsstr. 6 | bendl.wordpress.com | Tel. 0676 6 26 36 82 | 1. Bezirk*

Insider Tipp

CAFE WEIDINGER [142 A3]

Ein Besuch im Café Weidinger fühlt sich an wie eine Zeitreise in die 1950er-Jahre: Seither hat sich die spröd-charmante Einrichtung nicht geändert. Auch die Preise sind nur mäßig angezogen: Für 4,90 Euro gibt es ein Wiener Frühstück, der Cappucino reißt mit 2,20 Euro kein Loch in die Brieftasche. Für 50 Cent pro Abend können Sie einen <mark>traditionellen Wiener Kartentische mieten.</mark> *Tgl.*

Insider Tipp

Nicht nur lecker, sondern auch schön anzusehen: die Brötchen im Trzesniewski

60 | 61

8–24 Uhr | Lerchenfelder Gürtel 1 | Tel. 4920702 | U6 Burggasse | 16. Bezirk

MINORITENSTÜBERL [132 B2]

Im Souterrain des Unterrichtsministeriums, also in zentralster Citylage, betreibt der bekannte TV-Koch Andreas Wojta eine Art Haubenkantine. Was der Chef hinter dem Tresen fabriziert und seinen Gästen (vorwiegend Beamte, aber auch Zufallspassanten) nach dem Self-Service-Prinzip mit wienerischem Charme reicht, ist so hochwertig wie preiswert. Wobei der Schwerpunkt auf klassischen Schmankerln wie Rindsroulade, Schinkenfleckerl, gefüllte Paprika und Grammelknödel liegt. Spätestens um 11.45 Uhr sollten Sie sich einfinden – denn danach kann's an den Tischen eng und bisweilen auch hektisch werden. *Mittagsmenü (Suppe und Hauptspeise)ca. 7 Euro, Gerichte à la carte ca. 7–15 Euro | Mo–Do 6–16, Fr 6–15 Uhr | Minoritenplatz 5 | Tel. 5335281 | U3 Herrengasse | 1. Bezirk*

SCHWARZENBERG [133 D4]

Ein Plauderstündchen samt Jause in einem alten Ringstraßencafés gehört zu jedem Wienaufenthalt. Dass dies die Geldbörse nicht überstrapazieren muss, beweist das direkt gegenüber dem noblen Hotel Imperial gelegene Café Schwarzenberg. 1861 gegründet, pflegt es das klassische Erbe mit viel Bugholz, Messing, Spiegeln, großem Kaffee-, Tee- und Zeitungssortiment. Feine Mehlspeisen zu moderaten Preisen (Marillen-Marmelade-Palatschinken für 4,90 Euro) und köstliche Schmankerl der heimischen Küche (etwa der Altwiener Suppentopf für 6,40 Euro) sorgen im Nichtrauchercafé für das leibliche Wohl, häufige Lesungen, Konzerte, Vernissagen für musische Anregungen. *Kleine Speisen ab 5,90 Euro | Mo–Fr 7.30–24, Sa/So 8.30–24 Uhr | Kärntner Ring 17 | Tel. 5128998 | www.cafe-schwarzenberg.at | Straßenbahn D, 71 Schwarzenbergplatz | 1. Bezirk*

KANTINEN

JUSTIZCAFE [132 A3]

Keine Sorge, Sie müssen nicht hinter schwedischen Gardinen essen, wenn Sie einen der begehrten Tisch im Justizcafé ergattern. Ganz im Gegenteil: Aus der großzügigen Fensterfront oder – zur warmen Jahreszeit –

von der Terrasse im obersten Stock des österreichischen Justizpalastes haben Sie einen traumhaften Blick über die Wiener Innenstadt bis hin zum Stephansdom. Die vielen Richter und hohen Politiker, die hier regelmäßig konspirativ verkehren, geben dem kühl-eleganten Lokal mit den roten Plüscheecken zudem eine ganz besondere Note. Und das alles für kleines Geld, denn das Einzige, was im Justizcafe an eine Kantine erinnert, sind die Preise. Zur Auswahl stehen täglich drei Mittagsmenüs zwischen 8 und 11,50 Euro. Doch Vorsicht: Planen Sie etwas extra Zeit für die ausgiebige Leibesvisitation am Eingang ein. *Mo–Fr 7.30–16.30 | Schmerlingplatz 10 | Tel. 0676 755 61 00 | www.justizcafe.at | U2, 3 Volksoper | 1. Bezirk*

[insider Tipp] SOHO   [132 C3]

In der im Souterrain der Nationalbibliothek versteckten Kantine stillen vorwiegend Uni-Mitarbeiter und Studenten, aber auch Werber und Banker aus der Umgebung ihren Hunger. Sie schätzen die Kombination aus Designerstil und Bistroküche zu Mensapreisen sowie die Auswahl aus zwei Menüs (mit Fleisch oder vegetarisch) mit einer gut portionierten Hauptmahlzeit sowie wahlweise Suppe oder Dessert für 7,30 Euro. Mittwoch ist Schnitzeltag! Um das Soho zu finden, geht man durch den Burggarten, vorbei am Palmen- und Schmetterlinghaus bis nach hinten und bei den Bambuspflanzen durch das Tor links. *Hauptgerichte ab 7,20 Euro | Mo–Fr 9–16 Uhr (Mittagsmenü 11.30–15 Uhr) | Neue Burg, Josefsplatz 1 | soho.catering.vienna@aon. at (aktueller Menüplan) | U1, 2, 4 Karlsplatz | 1. Bezirk*

UNIQA TOWER   [144 A1]

Direkt am Donaukanal, somit eine Gehminute von der Inneren Stadt, sorgt Wiens Top-Caterer Do & Co für zeitgemäße Verpflegung der rund 850 Versicherungsangestellten. Auch Gäste von auswärts sind in dem gläsernen Turm willkommen und zahlen für das täglich aus drei Vor-, sieben Haupt- und vier Nachspeisen bestehende Buffetangebot trotz Verdopplung der für die Mitarbeiter geltenden Preise immer noch erfreulich wenig. Ein Renner ist das täglich frisch geschnipselte Wok-Gericht. *Hauptgerichte für Gäste 6,60–13 Euro | Bistro: Mo–Fr 11–14, Coffee-*

MÄRKTE

BRUNNENMARKT [142 A1–2]

Seit 1830 in Wien der „Orient ums Eck"! 21 Lebensmittelmärkte sind insgesamt über die Stadt verstreut. Doch keiner, mit Ausnahme vielleicht des Meiselmarkts in der gleichnamigen Straße [147 D1], gleicht so sehr einem Basar wie dieser. Hier in Ottakring, wo viele Türken, Griechen und Menschen vom Balkan zu Hause sind, zeigt sich Wien von seiner multikulturellsten Seite. Kunterbunt und exotisch ist das Angebot an Feinschmeckereien. Die Atmosphäre ist fröhlich-ausgelassen – den Spaßfaktor erhöht die Möglichkeit zu feilschen, insbesondere gegen Abend, wenn die Händler ihre Waren zu Spottpreisen verhökern. Kleine kalte und warme Snacks auf die Hand gibt's auch. *Mo–Fr 6–19.30, Sa 6–17, Gastronomie bis 23 Uhr | U 6 Thaliastraße/Josefstädter Straße | 16. Bezirk*

Viele leckere Früchtchen fürs Picknick gibt's auf dem Naschmarkt

ESSEN & TRINKEN

NASCHMARKT [132 B5]

Der „Bauch von Wien" ist der größte und zu Recht auch berühmteste Lebensmittelmarkt Österreichs, bevölkert von urigen Händlertypen aus der Vorstadt, der Türkei und vom Balkan. Der Gang zwischen den farbenfrohen Obst- und Gemüsepyramiden, Wurst- und Käsetürmen erweist sich als äußerst appetitanregend und bietet ideale Bedingungen, um sich preiswert für den Hunger zwischendurch zu wappnen (Tipp: Falafel!). Zudem hat neben den traditionellen Ständen eine ganze Reihe von Esslokalen eröffnet. Japaner, Türken, Wiener, Iraner, Chinesen und manche mehr kredenzen – im Sommer unter freiem Himmel – gute, abwechslungsreiche und bezahlbare Kost. *Mo–Sa 6.30–18.30, Gastronomie bis 23 Uhr | zwischen Rechter und Linker Wienzeile, Kettenbrückengasse und Karlsplatz | www.wienernaschmarkt.eu | U4 Kettenbrückengasse | 4., 5. und 6. Bezirk*

RESTAURANTS

DER WIENER DEEWAN [143 D1]

Der Clou erwartet die Gäste in diesem pakistanischen Restaurant, wenn sie die Rechnung verlangen: Man

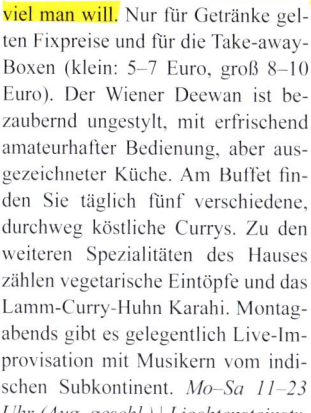

zahlt nämlich nach Zufriedenheit, so viel man will. Nur für Getränke gelten Fixpreise und für die Take-away-Boxen (klein: 5–7 Euro, groß 8–10 Euro). Der Wiener Deewan ist bezaubernd ungestylt, mit erfrischend amateurhafter Bedienung, aber ausgezeichneter Küche. Am Buffet finden Sie täglich fünf verschiedene, durchweg köstliche Currys. Zu den weiteren Spezialitäten des Hauses zählen vegetarische Eintöpfe und das Lamm-Curry-Huhn Karahi. Montagabends gibt es gelegentlich Live-Improvisation mit Musikern vom indischen Subkontinent. *Mo–Sa 11–23 Uhr (Aug. geschl.) | Liechtensteinstr. 10 | Tel. 9 25 11 85 | www.deewan.at | U2 Schottentor | 9. Bezirk*

INIGO [133 E2]

In diesem uneitlen, netten Restaurant lässt sich der Hunger angenehm und preiswert stillen. Es stehen beispielsweise drei Menüs für rund 7 Euro zur Auswahl (Suppe, Hauptspeise immer mit Salat). Empfehlenswert ist das kleine Rindsgulasch für 6,90 Euro. Im Sommer erhöht der Blick vom Gastgarten auf Universitätsplatz und -kirche den Genuss. Mit dem Besuch helfen Sie zudem Langzeitarbeitslo-

sen, die die Caritas als Inigo-Betreiberin in diesem Projekt beschäftigt. *Menü ab 7,70 Euro | Mo–Sa 9.30–24 Uhr | Bäckerstr. 18 | Tel. 5 12 74 51 | www.inigo.at | U3 Stubentor | 1. Bezirk*

KENT [142 A1]

Nach dem Bummel über den Ottakringer Brunnenmarkt (S. 64) empfiehlt sich die Einkehr beim wohl famosesten Türken der ganzen Stadt. Die Auswahl an Spezialitäten ist so groß wie die Qualität hoch, bei gleichzeitig sehr guten Preisen. Köfte oder gebratene, mit zartem Lammfleisch gefüllte Auberginen, beides inklusive Gemüse und Reis, bekommen Sie beispielsweise für je 9 Euro.

Für den schnellen Hunger besonders empfehlenswert sind Döner (3,50 Euro) und Dürüm (4 Euro), die unvergleichlich besser sind als am Dönerstand. *Hauptgerichte ab 6,90 Euro | tgl. 6–2 Uhr | Brunnengasse 67 | Tel. 4 05 91 73 74 | kentrestaurant.at | U6 Josefstädter Straße | 16. Bezirk*

LEINER [132 A5]

Das ==Frühstück ab 2,90 Euro== *(Mo–Fr 9.30–11, Sa ab 9 Uhr)* ist unschlagbar günstig, das Panorama von der Terrasse über die Dächer des Museumsquartiers himmlisch. Aber auch im hellen, geräumigen Innenbereich dieses Dachcafé-Restaurants des stadtbekannten Möbelhauses sitzt

Inside Tipp

CLEVER!

> *Grillplätze im Grünen*

Vor allem mit Kindern oder Freunden ein Spaß und portemonnaieschonend obendrein: Für das sommerliche Grillvergnügen stellt die Stadtverwaltung insgesamt **21 öffentliche Plätze** zur Verfügung, sechs davon 🐷 kostenlos. Die Grillstellen auf der Donauinsel müssen Sie unter *Tel. 4 00 09 64 96 (Mo–Fr* 8–14 *Uhr)* oder online zum Pauschalpreis von 10 Euro reservieren. Ansonsten funktioniert's so: Holzkohle, Spieße und Proviant besorgen und für gutes Wetter beten. Holz zum Anzünden wird von der Stadt bereitgestellt, Trinkwasser und WCs sind vorhanden. *www.wien. gv.at/umwelt/wald/freizeit/grillen*

ESSEN & TRINKEN

und isst es sich angenehm. Ein weiterer Pluspunkt neben dem appetitanregend sortierten (Salat-)Buffet (ein großer Teller für 3,90 Euro) ist für Gäste mit Kindern die Spielecke. Vier Fünftel der 220 Sitzplätze sind für Nichtraucher reserviert. Zugang: beim Haupttor an der Straßenecke, bis zum zweiten Lichthof, dort mit dem Aufzug in den siebten Stock fahren. *Menüs 4,90–8,90 Euro | Mo–Fr 9.30–18.30, Sa 9–18 Uhr | Mariahilfer Straße 18 | Tel. 52 15 39 69 | U 2 Mariahilfer Straße, U 3 Neubaugasse | 7. Bezirk*

MAX & BENITO   [139 D5]

Keine Sorge, die vielen Banker im Maßanzug sind kein Hinweis auf hohe Preise. Dass man auch mitten im noblen Börsenviertel börsenschonend, schmackhaft und ausgiebig essen kann, beweist das Max & Benito. Die selbst komponierten Burritos (6,90 Euro): fantástico! Damit das Warten nicht so schwer fällt, dürfen Sie bei der Zubereitung der Teigtaschen zusehen: wahlweise mit gegrilltem Gemüse, Rindfleisch, Hühnchen oder superlangsam geschmortem Schweinefleisch. Und wenn Sie danach noch immer hungrig sind,

können Sie eine Portion Tortilla Chips (für 1,90 Euro) nachfassen. Nicht ganz billig, aber ihren Preis wert sind auch die hausgemachten Getränke, beispielsweise die *aguas frescas* für 2,90 Euro. *Mo–Fr 11.30–19 Uhr | Wipplingerstr. 23 | maxbenito.at | Tel. 0660 6 51 70 83 | U1, 3 Stephansplatz, U 4 Schwedenplatz | 1. Bezirk*

NATSU   [142 C5]

Sushi, Maki, Sashimi, Suppen, Nudeln und andere Spezialitäten aus Nippons Küche, ob als würzige Snacks oder Menüs zum Sattessen: Die Qualität in diesem funktionellschlicht möblierten Japaner ist top, das Preisniveau jedoch äußerst niedrig. Kein Wunder, dass selten einer der Holz- und Plastikstühle leer bleibt. Der Clou daran: Die sehr guten Sushi und Maki werden dauerhaft zum halben Preis angeboten (12 Avocado-Maki ca. 3,45 Euro)! Alles auch zum Mitnehmen. *Tgl. 11–23 Uhr | Gumpendorfer Straße 45 | Tel. 5 81 27 00 | www.natsu-sushi.at | U 3 Neubaugasse, U 4 Pilgramgasse | 6. Bezirk; Filialen: Burggasse 71* [142 C3] *und Museumsquartier (Selbstbedienung)* [132 A/B4]

NEU DELI [132 C1]

Willkommen bei Wiens bestem Fastfood-Inder, einer idealen Raststation während des Altstadtbummels. Ob Cari Roti (Hühnercurry), Momo Koftas (Fleischbällchen in scharfer Sauce) oder Kaali Dal (gelbe Linsen) – das Angebot an Speisen ist riesig, ihre Qualität ausgezeichnet, der Service freundlich und flott. Zur Auswahl stehen täglich drei üppig portionierte, preiswerte Tagesteller – Curry mit Fleisch oder vegetarisch sowie Mediterranes à la Risotti oder Paste. Kleiner Wermutstropfen: Zu Stoßzeiten muss man bisweilen etwas warten. *Gerichte 7,40–8,50 Euro | Mo–Fr 11–16 Uhr | Wipplingerstr. 20 | Tel. 0664 5 72 53 38 | www.neudeli.at | U2, Bus 1A, 3A Schottentor | 1. Bezirk*

NOVOMATIC FORUM [132 C5]

Das ehemalige „Verkehrsbureau" vis-à-vis des weltberühmten Ausstellungshauses der Künstlervereinigung Wiener Secession ist ein architektonischer Meilenstein, den Anfang der 1920er-Jahre zwei Otto-Wagner-Schüler entwarfen. Heute betreibt der global tätige Glücksspielkonzern Novomatic in dem denkmalgeschützten Bau ein Dialogzentrum für Wirtschaft, Kunst, Kultur und Wissenschaft. In dem Haus, das primär als Ort für Ausstellungen, Konferenzen, Events etc. dient, gibt es auch ein Café-Restaurant und eine Bar, beide sehr schick designt. Wen das Edelambiente aus Budgetgründen schreckt, dem sei das Lunch-Angebot ans Herz gelegt: Werktags von 11.30 bis 14.30 Uhr kredenzt man ein feines Zwei-Gang-Menü zu völlig akzeptablen 7,40 Euro! *Mo–Sa 8–22, So 10–18 Uhr | Friedrichstr. 7 | Res.-Tel. 58 52 02 11 00 | www.novomaticforum.com | U1, 2, 4 Karlsplatz | 1. Bezirk*

PIZZERIA MAFIOSI [147 E2]

Das gemütliche Speiselokal der Familie Al Omari ist ein besonderer Tipp, denn hier holt man die wohl ==größten und günstigsten Pizzen Wiens== aus dem Ofen. Mit Suppen ab 2 Euro, Spaghetti ab 4 Euro, Pizza von 3,20 bis 5,60 Euro sind die Preise unschlagbar. Und bestens schmeckt tut's obendrein. *Tgl. 11–24 Uhr | Reindorfgasse 15 | Tel. 8 92 72 28 | www.pizzeria-mafiosi.at | Straßenbahn 52, 58 Rustengasse | 15. Bezirk*

Insider Tipp

Insider Tipp

SLY & ARNY [138 C4]

Ein spottbilliger und schmackhafter Geheimtipp, in dem man es sich für wenig Kohle richtig gut gehen lässt. Gönnen Sie sich etwa einen Elvis-Burger mit Beef, doppelt Speck, Käse und hausgemachten Pommes für schlappe 4 Euro. Auch die Cocktailpreise sind human (ab 4 Euro). *Riesenburger 4–6 Euro, Holzofenpizza 4–9 Euro | So–Do 18–1, Fr/Sa 18–2 Uhr | Lackierergasse 5 | Tel. 4050458 | www.foodbar.at | Straßenbahn 37, 38 Schwarzspaniergasse | 9. Bezirk*

TEWA [143 D4]

„Genussvoll, hochwertig und gesund" lauten die Kriterien, nach denen man in diesem Kulinarik-Treff kocht. Die Rohmaterialien stammen in der Regel von heimischen Biobauern oder aus dem Fair Trade. Die Rezepte sind orientalisch-mediterran, die Ergebnisse raffiniert im Geschmack. Spezialitäten sind Shakshouka – Tomaten-Paprika-Ragout mit Spiegeleiern –, die veganen Biocurry-Laibchen oder die Mischplatte mit Hummus, Tahine, Falafel und orientalischem Salat. Der Name be-

CLEVER!

> *Picknick in schönster Lage*

Als Picknickplatz mit dem vermutlich prächtigsten Stadtpanorama empfiehlt sich der oberhalb von Grinzing gelegene **Cobenzl**. Dieser an der Höhenstraße gelegene Aussichtspunkt ist mit dem Bus 38A *(ab U 4 Heiligenstadt)* oder 43A *(ab U 4 Hütteldorf)* erreichbar, Endstation am Cobenzl. Neben dem großen Parkplatz finden sich mehrere Ausflugslokale, ein Kinderbauernhof, aber auch, was kaum jemand weiß, die Terrasse eines abgerissenen Schlosses.

Auf ihr sitzt man wunderschön am Waldrand mit Blick hinab auf die Stadt. Weitere reizvolle Picknickplätze: der dank diverser Teiche, Bäche und Brunnen empfehlenswerte **Türkenschanzpark im 18. Bezirk** *(Buslinien 10A und 40A, Station Hasenauerstraße)*; der **Augarten im 2. bzw. 20. Bezirk** *(U2 Taborstraße)* und die Uferstreifen – oder ein gemietetes Ruderboot – an bzw. auf der **Alten Donau** *(U1 Alte Donau | 21. Bezirk)*.

deutet passenderweise auf Hebräisch „Natur". *Gerichte ab 7,90 Euro, tgl. 2 Tagesteller zu 6,90 bzw. 7,90 Euro | Mo–Sa 7–24, Frühstück 7–16, warme Küche bis 23 Uhr | Naschmarkt Stand 672 | Tel. 0676 847 74 12 11 | www.tewa-naschmarkt.at | U4 Kettenbrückengasse | 4. Bezirk*

YAK & YETI [148 C1]

Sein Ambiente ist so unspektakulär wie die Lage im begrünten Innenhof. Doch was man in dem nepalesischen Restaurant serviert bekommt, ist superlecker. Aus sechs Hauptspeisen wählt man am Buffet. Es gibt vielerlei Gemüse (speziell Linsen) und Teigtaschen, auch Lamm-, Rind- und Hühnerfleisch, Fisch, alles raffiniert gewürzt, dazu Masala-Chips, Roti-Fladenbrot, Bhat (Reis), Desserts, Lassi und Himalaya-Tees zum Süchtigwerden. Ein Hit: das Mittagsmenü ab 6,50 Euro und der Donnerstagabend mit Momo-Teigtaschen (für 15 Euro All-you-can-eat). Mit Schanigarten und Kunstgalerie. *Suppen ab 3,50, Hauptgerichte ab 7 Euro | Mo–Fr 11.30–14.30 u. 18–22.30, Sa 11.30–16 u. 18–22.30 Uhr | Hofmühlgasse 21 | Tel. 5 95 54 52 | www.yakundyeti. at | U4 Pilgramgasse | 6. Bezirk*

WEIN & MORE

ZUR WILDSAU [0]

Eine sympathische Heurigenschenke direkt an der Mauer zum Lainzer Tiergarten mit eher schlichter Küche, Selbstbedienung und Holzbänken auf der Wiese. Das Preisniveau ist erfrischend niedrig – ein Achterl gibt's ab 1,90 Euro, Brote und kleine Speisen ab 3,50 Euro. Hinzu kommen die herrliche Aussicht, ein bunt gemischtes Publikum und der große Garten mit Kletterbaum und Sandkiste. *April–Okt. Mo–Fr 17–23, Sa/So 12–23 Uhr | Slating 22 | Tel. 0664 87 64 65 38 | www.wildsau.at | U4 Ober St. Veit, ab dort Bus 54B od. 55B, Ghelengasse | 13. Bezirk*

ZWÖLF-APOSTELKELLER [133 E2]

Geschichtsträchtiger geht's nimmer: Manche der Gewölbe sind über 900 Jahre alt, die Speisen entsprechend traditionell: Es gibt z.B. Wurst- und Schlachtplatte, Spanferkel und Grammelknödel. Das Preis-Leistungs-Verhältnis ist in dieser Lage top. *Hauptgerichte ab 6,40 Euro, Suppen und Würstel ab 2,50 Euro | tgl. 11–24 Uhr | Sonnenfelsgasse 3 | Tel. 5 12 67 77 | www.zwoelf-apostelkeller. at | U1, 4 Schwedenplatz | 1. Bezirk*

Bild: Hoch die Tassen – aufs günstige Schmausen in der Wildsau

MEIEREI IM STEIRERECK [133 F3]

Im Erdgeschoss tafelt man höchst exquisit im Steirereck, einem der absoluten Top-Restaurants in Österreich. Eine Etage darunter geht's stilmäßig leger zu – und ungleich preisgünstiger obendrein. Was jedoch die Qualität von Service und Speisen anbelangt, macht die Meierei dem Gourmettempel, dem sie zugehört, alle Ehre: Sie ist eine lichtdurchflutete Milchbar mit weißen Möbeln und ultraschick gekleidetem Personal. Es gibt 120 Käsesorten aus mehr als einem Dutzend Ländern zum Vor-Ort-Essen oder Mitnehmen, dazu diverse Kaffees, Milch(mix)getränke und – weithin gerühmt – blechweise ofenfrisch täglich um 13 Uhr Apfel- und um 14 Uhr Milchrahmstrudel. Zudem kann man auch aus einer kleinen Hauptspeisenkarte mit Beuschel (Innereien in Sauce), Gulasch, Schnitzel und ein paar halbexotischen Raffinessen wählen. Hauptgerichte kosten 10,90 bis 20,90 Euro. Ein exquisiter Genuss ist das Meierei-Frühstück mit Fru Fru, reich belegtem Käseomelette, gekrönt von einem Milchrahmstrudel (19,90 Euro ohne Kaffee). Die Preise sind zwar happig – aber bieten doch eine Chance, an den Genüssen des Koch-Olymps teilzuhaben, ohne komplett zu verarmen. Im Sommer übrigens speist man auf der direkt über dem Wienfluss gelegenen Terrasse mit Blick ins Grün des Stadtparks, in dessen Herzen das Steirereck liegt. *Mo–Fr 8–23, Sa/So 9–19, Frühstück tgl. bis 12 Uhr, Fei geschl. | Am Heumarkt 2A | Tel. 7133168 | www.steirereck.at | U4 Stadtpark | 3. Bezirk*

PFARRWIRT [135 D1]

In dieser mit 800 Jahren ältesten Gaststätte Wiens werkelt Rainer Husar, einer der profiliertesten Gastronomen des Landes, hinter dem Herd. Das Ergebnis: Wiener Küche auf allerhöchstem Niveau, mit kleiner Karte (speziell auch für Vegetarier), exzellenter Weinauswahl und perfektem Service. Das Interieur ist elegant ohne Firlefanz, mit viel Holz, schweren Servietten und Silberbesteck. Abends sind die Tafelfreuden, der Qualität entsprechend, teuer. Gute Nachricht: Mittags kredenzt man einen ganz hervorragenden Tagesteller für

11,90 Euro – das lohnt! Ideal zur Einkehr nach einem Spaziergang durch die Weinberge. *Tgl. 12–24 Uhr | Pfarrplatz 5 | Tel. 370 73 73 | www.pfarrwirt.com | U 4 Heiligenstadt, dann Bus 38A | 19. Bezirk*

SALONPLAFOND [133 F2]

Dieses ungewöhnliches Lokal im MAK (Museum für angewandte Kunst), halb urbanes Gasthaus, halb postmoderne Bar-Lounge, umrahmt von der Pracht eines Ringstraßen-Palais, gilt als In-Treff der Wiener Kunst- und Kulturschickeria. Zentralen Anteil am Erfolg haben zweifellos die Kreationen von Koch Hannes Berghofer. Die Menüs sollen sich am Ambiente des kühl-eleganten Restaurants orientieren: raffiniert-schnörkellos, zubereitet mit regionalen Zutaten der Saison. Dabei bedeutet Qualität nicht immer teuer: Mittags gibt es die Tagessuppe ab 4,50 Euro, Hauptspeisen wie einen geschmorten Schweinebraten auf Wiener Art für 12 Euro oder ein Schwammerlragout für 10 Euro. Empfehlenswert ist ein Tisch im gläsernen Pavillonbau oder bei schönem Wetter im angrenzenden Garten. *Tgl. 10–24, ab 18 Uhr gehobenere Abendkarte | Stubenring 5 | Tel. 226 00 46 | salonplafond.wien | U 3 Stubentor | 1. Bezirk*

ZUM SCHWARZEN KAMEEL [132 C1]

Kein Tippfehler. Das schwarze Kameel schreibt sich tatsächlich mit zwei „e" – seit 1618, als ein gewisser Johann Baptist Cameel dort eine Gewürzkrämerei einrichtete. Später wurde daraus eines der besten und teuersten Restaurants für Wiener Gourmets, nebst einer Feinkosthandlung. Das Menü liegt um 69 Euro, selbst Vorspeisen beginnen erst ab 14,50 Euro. Doch ein Abstecher in das 400 Jahre alte Traditionshaus mit dem prachtvollen Interieur lohnt sich auch für Besucher mit wenig Geld, denn die eigentlichen Exportschlager des Kameels – die weltberühmten belegten Brote – sind durchaus leistbar: 1,15 Euro berappt man für eines der hauchzarten Sandwiches, etwa mit Matjesfilet, Rotkraut-Thunfisch oder Kohlgemüse. *Tgl. 8–24, Küche 12–23 Uhr | Bognergasse 5 | Tel. 533 81 25 | www.kameel.at | U 3 Herrengasse | 1. Bezirk*

> Naschwerk, originelle Mitbringsel, Kleidung von Jungdesignern: Hier unser Einkaufszettel fürs kleine Budget

Shoppen gehen, Bummeln, Spaß haben – und das alles, ohne viel Geld auszugeben? Das geht in Wien, aber meist nicht direkt in der City. Deshalb stellen wir auch Adressen vor, die tolle und wientypische Sachen in guter Qualität bieten, aber nicht so leicht zu finden sind, z. B. Shops mit besonderen Souvenirs wie die Schneekugel-Manufaktur Perzy und Läden, die in Familientradition süße Spezialitäten herstellen, wie der Süßwarenhersteller Manner. Oder adressen, die bezahlbare Unikate österreichischer Designer führen. In diesem Kapitel finden Sie die Designer-Outlets, in denen auch die Wiener auf Schnäppchensuche gehen, und Flohmärkte, die Lust aufs Stöbern machen. Wiens Secondhand-Shops führen aktuelle Lieblingsstücke ebenso wie Retroteile. Kuriosum: Es gibt sogar Läden, da kosten die Sachen einfach gar nichts. In anderen unterstützt man mit dem Einkauf Entwicklungshilfeprojekte oder Bedürftige. Sie wollen aber auch mal schauen, wo man angenehm und schnell viel Geld ausgeben kann? Dann sind die Kärntner und die Mariahilfer Straße oder die Land- und Praterstraße, Wiedner und Meidlinger Hauptstraße das richtige Terrain. Und sagen Sie nicht, wir hätten Sie nicht gewarnt …

SHOPPEN

FLOHMARKT

FLOHMARKT AM NASCHMARKT [143 D5]

Dieser wöchentlich auf einem riesigen Parkplatz abgehaltene Flohmarkt ist eine Fundgrube. Denn das Sortiment ist groß und birgt gelegentlich durchaus Schnäppchen. Es gibt einfach nichts, das es hier nicht gibt. Für Literaturfreunde sind die reich sortierten Stände mit Secondhand- und antiquarischen Büchern eine Versuchung. *Ganzjährig Sa 6.30–18 Uhr | Linke Wienzeile, bei der Station Kettenbrückengasse der U4 | 6. Bezirk*

GESCHENKE & SOUVENIRS

MANUFAKTUR PERZY [0]

Bitte schütteln und dann staunen! Wer ein ungewöhnliches Mitbringsel sucht, wird in der Manufaktur fündig: Seit über 100 Jahren bezaubern die original Wiener Schneekugeln Betrachter mit ihren Figuren und Miniaturen in Winterlandschaft. Die größte Auswahl gibt's im Schneekugelmuseum der Manufaktur Perzy, ausgewählte Stücke findet man auch in Souvenirshops. *Kugeln ab 7 Euro | Shop: Mo–Do 9–15 Uhr | 🐷 Museum: für mind. 10 Pers. Führungen nach Voranmeldung, Eintritt frei | Schumanngasse 87 | Tel. 4864341 | www.schneekugel.at | Straßenbahn 9 Sommarugagasse | 17. Bezirk*

SACHER [132 C4]

Eine Sachertorte ist ein typisch wienerisches Geschenk, und im Hotel Sacher bekommen Sie das Original. Die Sachertorte erfand 1832 der

Kochlehrling Franz Sacher. Er kreierte sie am Hofe Fürst Metternichs aus Eigelb, Zucker, ein wenig Mehl, Eischnee, einer Füllung mit Aprikosenmarmelade und Schokoladenmantel. Sein Sohn gründete das Luxushotel Sacher, wo die Torte bis heute hergestellt wird. Es gibt sie dort auch in Liliput-Größe mit 8 cm Durchmesser für 16,50 Euro – im Schmuckschächtelchen. *Sacher Confiserie | tgl. 10–24 Uhr | Philharmonikerstr. 4 | Tel. 51 45 67 51 | www.sacher.com | U 1, 2, 4 Karlsplatz, U 3 Stephansplatz | 1. Bezirk*

STAUD'S   [142 A1]

In diesem Geschäft in Wiens Multikulti-Zone, dem Brunnenmarkt, können Sie sich erstmal bei einem frisch gepressten Obst- oder Gemüsesaft entspannen – die werden hier nämlich im Viertel-Glas für 2 Euro kredenzt. So gestärkt kann man gleich auch noch original Wiener Mitbringsel für Freunde zu Hause einkaufen: Konfitüren, Gelees und süßsaures Gemüse. Produziert wird all das in Hans Stauds Fabrik am Yppenplatz um die Ecke. Hier im Stammgeschäft kann man die gesamte, längst auch erfolgreich in

Die Sachertorte wurde vielfach interpretiert, im Hotel Sacher bekommen Sie das Original

alle Welt exportierte Produktpalette verkosten und als Souvenir mitnehmen. Für einfache Konfitüren zahlt man ab 3,50 Euro, für limitierte Spezialsorten bis 8 Euro, für leckere Kompotte um die 3,30 Euro. *Di–Sa 8–12.30, Fr auch 15.30–18 Uhr | Brunnenmarkt/Schellhammergasse | Tel. 4 06 88 05 21 | www.stauds.com | U6 Josefstädter Straße | 16. Bezirk*

THE VIENNA STORE [132 C1]

Wissen Sie was ein „Pantscherl" ist? So nennt man in Wien eine amouröse Affäre. Nachzulesen im Sprachführer „Liebe auf Wienerisch". Das Büchlein für 7,90 Euro finden Sie in The Vienna Store neben vielen anderen unkitischigen Wien-Souvenirs. Alle Mitbringsel zu fairen Preisen. *Mo–Sa 10–18 Uhr | Herrengasse 5 | Tel. 5 35 05 65 | www.theviennastore.at | U3 Herrengasse | 1. Bezirk*

KLEIDUNG

AMICIS OUTLET [133 E3]

Man kann getrost sagen: Das ist wohl das schönste Outlet von ganz Wien – ganz im Gustav-Klimt-Stil eingerichtet und schwarz-gold tapeziert. Hier kann man bei angenehmer Musikbeschallung nach wahren Mode-perlen tauchen! Wie im Amicis-Stammhaus finden sich exklusive Marken von Etro und Stella McCartney sowie Trendlabels wie True Religion für die Hälfte. *Mo–Fr 10–18.30, Sa 10–18 Uhr | Seilerstätte 11 | Tel. 5 13 81 62 | www.amicis.at | U1, 2, 4 Karlsplatz | 1. Bezirk*

BOOTIK 54 [142 C3]

Dieser Vintage-/Secondhand-Laden ist bei Wienern sehr beliebt. In zwei direkt nebeneinander liegenden Shops werden nicht nur europäische und amerikanische T-Shirts, Kleider, Taschen, Jacken in bestem Zustand angeboten (Levi's Jeans ab 25 Euro, T-Shirts ab 15 Euro, Sonnenbrillen ab 5 Euro), Bootik 54 empfiehlt sich auch als Geschenkshop und selbsternanntes „Barbapapa-Paradies". *Linker Shop: Mo–Fr 10–19, Sa 10–18 Uhr; rechter Shop: Mo–Do 13–19, Fr 10–19, Sa 10–18 Uhr | Neubaugasse 54 | Tel. 0699 10 15 01 45 | www.bootik54.com | U3 Neubaugasse | 7. Bezirk*

BURGGASSE24 [142 C3]

An sonnigen Tagen oder lauschigen Abenden ist der Ulrich-Platz an der geschäftigen Burggasse ein idealer

Ort zum Verweilen. Betreiberin Angelika Pohl wählt mit ihren Kollegen Kleider, Hosen etc. sorgfältig aus und bietet ein besonderes Vintage-Vergnügen. Accessoires gibt es ab 5 Euro, Sweater ab 15 Euro. Unregelmäßig findet ein „Kleidertausch" statt, bei dem man fünf mitgebrachte Stücke gegen fünf neue eintauschen kann (*nähere Informationen auf www.facebook.com/burggasse24*). Eine Tasse Espresso (2,20 Euro), ein Glas Wein oder Bier zum Anprobieren? Frühstücksangebote runden das metropole Secondhand-Erlebnis ab. *Laden: Mo–Fr 11–20, Sa 11–18; Café: tgl. 10–22 Uhr | Burggasse 24 | Tel. 0664 4429598 | burggasse24. com | U 2, 3 Volkstheater | 7. Bezirk*

CARLA [149 D2]

In diesem Laden der Caritas findet sich eine Riesenauswahl an Secondhand-Mode, ganz normalen Klamotten und Designerlabels für Damen, Herren und Kinder. Dazu gibt es saisonale Spezialangebote wie Abendgarderobe, Faschingskostüme, Regen- und Badebekleidung. Originelle Accessoires aus vergangenen Tagen, vom Handschuhspanner und handbestickten Taschentüchern bis zu Perlentäschchen, komplettieren das Angebot. Die humanen Preise: Wintermäntel ab 10, Herrenhosen ab 5, Damenkostüme ab 8 Euro. *Mo–Fr 9–18, Sa 9–13 Uhr | Mittersteig 10 | Tel. 5059637 | www.carla.at | Bus 13A Mittersteig | 5. Bezirk*

ELFENKLEID [149 D1]

Einer der Fixpunkte am österreichischen Modehimmel. Die Designerinnen Sandra Thaler und Annette Prechtl sind besonders für ihre traumhaften Hochzeitskleider bekannt. Doch sie haben auch Kreationen für andere Anlässe im Angebot. Wenn auch nichts für die kleine Geldbörse, so sind die romantischen Kleider doch einen Besuch wert. Tipp: Im Saal finden sich zeitlose Stücke aus der vergangenen Saison schon ab 50 Euro! *Di–Sa 11–18 Uhr | Margaretenstr. 39/3–4 | Tel. 2085241 | www.elfenkleid.com | U 4 Kettenbrückengasse | 4. Bezirk*

Inside Tipp!

LA MINIATURE [138 B3]

Vintage-Kleidung vom Wiener Original! Bei Ingrid kaufen junge Kostümbildnerinnen genauso wie Besucherinnen von Mottopartys und ganz normale Kunden. Auf Kleierstangen, an Decken und Wänden stapeln sich gut erhaltene Kostbarkeiten aus allen Jahrzehnten des 20. Jh. Die Preise sind meist Verhandlungssache. Doch geht es Ingrid nicht um Geschäftemacherei. Sie hat sichtlich Freude an allem, was sie zum Verkauf anbietet, und nimmt sich gerne Zeit für Beratungsgespräche. Ihr guter Sinn für Mode, ihr originaler Wiener Charme und ihre freundliche Art bestechen. Noch ist ihr Lager ein Geheimtipp. Stöbern ausdrücklich erlaubt! Für Damen, Herren und Kinder. Preise ab 1 Euro für Gläser und Tassen, Blusen und Hemden ab 5, Kleider ab 20 Euro. Außerdem findet man Handtaschen, Schuhe, Hüte, Accessoires, Schmuck, Handschuhe und vieles mehr. *Mo–Fr 14–18 Uhr | Gentzgasse 2 | Tel. 0664 480728 oder 0664 376 87 24 | www.vintage-wien.at | U6 Währinger Straße/ Volks-oper | 18. Bezirk*

LOK COUTURE [147 E2]
Dieses Sozialprojekt bemüht sich, Menschen, die aufgrund ihrer psychischen Probleme im regulären Arbeitsmarkt Schwierigkeiten haben, eine bezahlte Beschäftigung zu bieten – mit Erfolg und zur Freude

sparbewusster Kunden. Denn in dem Selbsthilfeladen findet sich ein breites Sortiment sehr preisgünstiger Secondhand-Mode: Damenkleider zwischen 8 und 15 Euro, Mäntel von 15 bis 25 Euro, Schmuck gar schon ab 3 Euro und Levi's Jeans um 10 Euro. Ebenfalls erhältlich und so praktisch wie schick sind die Taschen aus eigener Produktion für 9,90 Euro. *Mo–Fr 9–18.30 Uhr | Mariahilferstr. 187 | Tel. 60 14 16 25 | www.lokcouture.at | Straßenbahn 52, 58 | 15. Bezirk*

Insider Tipp

MAJA-TAUSCHBOUTIQUE [140 A5]
Hier lohnt eine Stippvisite aus vielen Gründen: Sie ...chen schicke neuwertige Mar! ...d Designerkleidung für Da ...erren oder den Nachwuchs? ...paar Accessoires wären nett? In ...er Maja-Tauschboutique gibt's sogar noch viel mehr: z. B. Spielwaren, Babysachen, Sportartikel für Kinder, Ballkleider und Faschingskostüme. Die Sachen sind hochwertig und gut erhalten – aber um 40 bis 60 Prozent günstiger als vergleichbare Neuware. *Mo–Fr 10–12.30 u. 15–18 Uhr (sowie nach tel. Vereinbarung) | Rotensterngasse 30 | Tel. 21 24 1 74 | www.maja.at | U1 Leopoldau | 2. Bezirk*

ORIGINAL SALZBURGER [133 D3]

Lust auf ein echtes Dirndl? Oder ein Herrenhemd im traditionellen Alpendesign? Gewusst wie, muss der originale Heimatlook nicht teuer sein. Der Platzhirsch unter den österreichischen Trachtenmodenherstellern bietet in seiner eleganten Niederlassung nahe dem Stephansdom Outletwaren mit winzigen Schönheitsfehlern zu unschlagbaren Preisen feil: Blusen und Hemden ab 10 Euro, Dirndln ab 40 Euro. *Mo–Fr 10–18.30, Sa 10–18 Uhr | Weihburggasse 8 | Tel. 5 13 16 73 | www.originalsalzburger. at | U 1 Stephansplatz | 1. Bezirk*

POLYKLAMOTT [148 C1]

Fester Bestandteil der Wiener Hipsterszene ist dieser Vintage-Laden. Bei Polyklamott werden neben Kleidung für Damen und Herren auch Accessoires, Schuhe und Fahrräder verkauft. Beraten wird individuell und freundlich. Und wenn Sie mal zur Unzeit ein neues Outfit brauchen: Vor dem Geschäftslokal gibt es rund um die Uhr einen Klamotten-Automaten. Auf der Suche nach einem persönlichen Lieblingsstück? T-Shirts gibt es ab 4,90 Euro, Jeansjacken ab 29,90 Euro, Kleider ab 14,90 Euro, aus erster und zweiter Hand. *Mo–Fr 12–19.30, Sa 11–18 Uhr | Hofmühlgasse 6 | Tel. 9 69 03 37 | www.polyklamott.at | U 4, Busse 12A, 13A, 14A Pilgramgasse | 6. Bezirk*

Insider Tipp *Klamotten-Automaten.*

VOLKSHILFE PROSERV [148 C2]

Schon seit 1997 betreibt die Volkshilfe Proserv mehrere Secondhand-Läden, durch die u.a. Frauen und Männern mit starker Behinderung die Integration in den regulären Arbeitsmarkt ermöglicht werden soll. Eine zentrale, besonders gut sortierte Adresse liegt im Wiental im Bezirk Margarten. Hier kann man in haufenweise Kleidung und Schuhen für Damen, Herren und auch Kinder wühlen. T-Shirts gibt's ab 5 Euro, Blusen und Hosen jeweils ab 10 Euro, Kleider ab 18 Euro, Schuhe schon ab 24 Euro. *Mo–Fr 10–18 Uhr | Schönbrunner Str. 94 | Tel. 7 96 78 92 21 | www.volkshilfe-beschaeftigung.at | U 4 Margaretengürtel | 5. Bezirk*

KUNSTHANDWERK DESIGN & MÖBEL

ARGE WIEN [0]

Eigentlich haben sich die Mitarbeiter der Arge Wien auf Umzüge und

Wohnungsräumungen spezialisiert: Das Unternehmen gibt rund 50 Langzeitarbeitslosen eine Chance. Was bei Räumungen übrigbleibt, wird sortiert und im Gebrauchtmöbeldepot für kleines Geld verkauft: etwa ein antiker Schrank für 50 Euro, eine stylishe Vintage-Lampe für 15 Euro. Ein Schlaraffenland für Schnäppchenjäger auf der Suche nach günstigen Möbeln. Und wenn Sie genügend Zeit haben und eine besondere Inspiration suchen, empfiehlt sich ein Besuch beim Flohmarkt. Die Einnahmen kommen Obdachlosen zugute. *Gebrauchtmöbelhalle: Mo–Fr 8–17 Uhr, Flohmarkt: Mi und Fr 8–17 Uhr | Lorenz-Mandl-Gasse 31–35 | Tel. 4 93 90 49 | www.arge-wien.at | U 3 Ottakring | 16. Bezirk*

DIE SCHENKE 🐷　　　　**[142 B2]**

Kapitalismuskritik im kleinen Rahmen, praxisorientiert und selbstorga-

CLEVER!
> *Gutes Gewissen beim Einkaufen*

Der Österreich-Ableger des „**Vereins für Entwicklungszusammenarbeit – HUMANA People to People**" sammelt, wie die anderen Mitglieder in mittlerweile 30 Ländern, gute, tragbare Kleidung. Diese wird entweder direkt an Schwesterorganisationen in der Dritten Welt gesandt oder in eigenen Läden verkauft. Da kosten Hemden und Jacken ab 5 Euro, Herrenanzüge ab 20 Euro, und man hat mit seinem Einkauf noch etwas Gutes getan: Mit dem Erlös unterstützt HUMANA 120 Entwicklungsprojekte im südlichen Afrika. Folgende der zwölf Wiener Filialen seien speziell empfohlen: **Landstraßer Hauptstr. 137 A** **[150 C1]**: Im denkmalgeschützten ehemaligen Kino gibt's eine große Auswahl an Kleidung. *Mo–Fr 9–18, Sa 9–14 Uhr | Tel. 7 13 35 59 | www.humana.at | U3 Kardinal-Nagl-Platz | 3. Bezirk;* **Löwengasse 37** **[148 B2]**: Kleidung, Bücher, Schallplatten und Filme. *Mo–Fr 9–18, Sa 9–13 Uhr | Tel. 7 14 24 57 | U 3, 4 Landstraße | 3. Bezirk;* **Simmeringer Hauptstr. 47** **[0]**: Neben Kleidung findet man in der jüngsten Filiale auch Heimtextilien und Accessoires. *Mo–Fr 9–18, Sa 9–14 Uhr | Tel. 7 48 93 13 | U 3 Zippererstraße | 11. Bezirk*

nisiert: Die Betreiber des „Vereins zur Förderung solidarischer Lebensformen" experimentieren erfolgreich mit einer neuen Art der Schenkökonomie, die auf lokaler Ebene das herkömmliche Organisationsprinzip des Kaufens und Verkaufens ersetzen soll. Und so funktioniert's: Viele Leute haben nützliche Dinge herumliegen, die sie nicht mehr, aber andere vielleicht sehr wohl brauchen. Diese kann man hier einfach abgeben bzw. mitnehmen. Vorbeischauen und stöbern lohnt. Im zugehörigen, auf Spendenbasis betriebenen Café kredenzt man Kuchen, Getränke, kleine Speisen; auch wird in einer „offenen Küche" gemeinsam gekocht und gespeist. *Do 10–13, 16–20 Uhr. Di 16–20 Uhr nur für Frauen (und Menschen, die sich als Frau fühlen), Inter- und Transpersonen | Pfeilgasse 33 | dieschenke.wordpress.com | U 6 Thaliastraße, Straßenbahn 46 | 8. Bezirk*

GARBARAGE [143 E5]

Sie sehen genauso schick aus wie vergleichbare Modelle von Freitag & Co, kosten aber nur ein Drittel: Garbarage verkauft bunte Taschen aus alten Aktenordnern (ab 49 Euro) und andere sehr originelle Sachen aus gebrauchten, teilweise bereits entsorgten Materialien, etwa Vasen aus PET-Flaschen und Fußbällen (ab 29,90 Euro). Das ist Recycling in sozialer Mission, denn alles bei Garbarage wird von Langzeitarbeitslosen oder Jugendlichen mit Drogenproblemen fabriziert. *Mo–Do 10–18, Fr 10–19, Sa 11–17 Uhr | Schleifmühlgasse 6 | Tel. 5 85 76 32 | www. gabarage.at | U 4 Kettenbrückengasse | 4. Bezirk*

RAMSCH UND ROSEN [142 B/C4]

Der schräge Lifestyle, den dieser Altwarenladen anbietet, liegt immer mehr im Vintage-Trend. Wohn-Accessoires aller Art, alte Bilderrahmen, Ramsch und Plunder ab den 1870er-Jahren werden hier angeboten. Ein altes Foto aus einem Wiener Nachlass als Souvenir ist hier für wenige Cents zu haben. Speziell: Unregelmäßig stattfindendes „Nachlassshopping" ermöglicht den Zutritt zur Wohnung (Villen bis Sozialbau) kürzlich verstorbener Wiener. Zutrittskarten sind stets beschränkt und für 15 Euro zu haben. Die Anmeldung und Termininformationen finden über Facebook statt. *Mo–Fr 10–*

Inside Tipp

*18.30, Sa 10–18 Uhr | www.face
book.com/RamschRosen | Neu
baugasse 15 | U3 Neubaugasse | 7.
Bezirk*

VOLKSHILFE WÜRFEL [O]

Ein weitere Geheimtipp für alle, die
gerne stöbern und schmökern, etwas
Originelles oder besonders Günstiges
suchen. Wer hier eine Kuriosität, ein
gebrauchtes Kleinmöbel oder ein an
tiquarisches Buch kauft, macht nicht
nur sich, sondern auch anderen eine
Freude. Denn der Betrieb dient dem
Ziel, die Re-Integration von Lang
zeitarbeitslosen in die Arbeitswelt zu
fördern. Die fast zu Flohmarktprei
sen angebotenen Sachen stammen
zumeist aus Haushaltsauflösungen
und Dachbodenräumungen. *Mo–Do*

Rollhocker fürs Büro oder Zuhause – bei Garbarage wirkt Recycling cool

MUSIKALIEN & BÜCHER

BOOKS 4 LIFE   [138 B5]

Zugegeben: Leseratten mit kleinem Budget und viel Zeit werden auch auf einem Flohmarkt früher oder später fündig. Für alle, die weniger Zeit haben, gibt es eine gute Alternative in Wien. Der literarische Second-Hand-Shop Books 4 Life bietet eine gut sortierte Auswahl an gebrauchten Büchern zu jedem erdenklichen Thema: vom klassischen Romanwälzer über aktuelle Sachbücher bis hin zu Kinderbüchern. Die meisten Werke sind in gutem bis sehr gutem Zustand, umso verlockender der Preis: ab 50 Cent pro Buch. Es gibt einen Onlineshop zum Vorab-Stöbern und Reservieren. Der Reinerlös kommt karitativen Zwecken zugute. *Mi 15–18, Do 10–13, 15–18 Uhr, Fr 13–22.30, Sa 13–16 Uhr | Skodagasse 17 | www.b4l-wien.at | Straßenbahn 5, 33 Laudongasse | 8. Bezirk*

DOBLINGER [132 C2]

In dieser traditionsreichen Musikalienhandlung erwartet Besucher eine große Auswahl an Fachbüchern, Unterrichtsliteratur, CDs und Noten zu E- und U-Musik. Im zugehörigen Antiquariat lässt sich nach kostbaren Erstdrucken, Secondhand-Noten und Büchern suchen, die teilweise mehr als 50 Prozent ermäßigt sind. Der hauseigene Musikverlag hat rund 15 000 Titel im Programm. *Mo–Fr 9.30–18.30, Sa 10–13 Uhr | Dorotheergasse 10 | Tel. 51 50 30 | www.doblinger.at | U1, 3 Stephansplatz | 1. Bezirk*

Insider Tipp

TEUCHTLER [142 C4]

Wer in diesem exquisiten Secondhand-Shop stöbert, der stößt auf alte Schellackplatten, LPs mit Fußballreportagen, Klassik-Raritäten, modernen Rock und Pop sowie seltene Jazzscheiben aus Osteuropa. CDs und LPs gibt's ab 1 Euro, DVDs und Schellacks ab 3 Euro! Ein Pluspunkt zum spannenden Sortiment ist die überaus fachkundige Betreuung. *Mo–Fr 13–18, Sa 10–13 Uhr | Windmühlgasse 10 | Tel. 5 86 21 33 | teuchtler.businesscard.at | U2 Mariahilferstraße | 6. Bezirk*

SCHMUCK & ACCESSOIRES ■

KAUFHAUS SCHIEPEK [143 D2]

Ein kleines Paradies für Schmuckliebhaberinnen und eine Instituion in Wien: Hier finden Sie Perlen in allen Formen und Farben zum Selbstfädeln, aufsehenerregende Halsketten (ab 2,50 Euro) und Ohrgehänge (ab 6 Euro). Auch Accessoires wie Shopper-Taschen (ab 15 Euro) hat das Kaufhaus im Angebot, aber ebenso herrlichen Deko-Kitsch aus aller Welt, wie etwa mexikanische Heiligenkerzen (ab 6,80 Euro), indische Lüster, Zimmeraltäre oder asiatische Glücksbringer (ab 2 Euro). *Mo–Fr 10.30–18.30, Sa 10–17 Uhr | Teinfaltstr. 3–4 | Tel. 5 33 15 75 | www.kaufhaus-schiepek.at | U2 Schottentor | 1. Bezirk*

TEXTIL-MÜLLER [139 F5]

Seit Jahrzehnten stellt Textil-Müller eine Fundgrube für Hobbyschneider und -bastler dar: Hier können Sie nicht nur im großen Sortiment an Stoffen, Bändern, Borten und Knöpfen wühlen, es gibt auch eine Riesenauswahl an Deko-Artikeln, Bastelbedarf und anderem Zubehör – schöne Glas-Nuggets etwa schon zu 1 Euro per Packung. *Mo–Fr 8–18, Sa 9–17*

Uhr | Stumpergasse 24 | Tel.
2 14 60 78 | www.textil-mueller.at |
U 6 Westbahnhof | 6. Bezirk

SCHNÄPPCHEN-ALLERLEI

CARLA NORD [0]

Hausrat und Möbel, Klamotten und
Bücher soviel das Herz begehrt: Hier
sollte man viel Zeit und große Ein-
kaufstaschen mitbringen. Ob Nudel-
siebe aus Email, Thonet-Sessel, Mar-
kenporzellan oder Plastikgeschirr aus
den 70er-Jahren – im Fundus dieses
Caritas-Shops stößt man auf Dinge,
deren Existenz man vielleicht nicht
einmal erahnt hat – die man aber nun
unbedingt haben möchte z.B. ein
englisches Service für 30 Euro, Scha-
len aus Gmundner Keramik für
5 Euro oder ein Jugendstil-Stuhl für
25 Euro. Daneben gibt es jede Menge
Taschenbücher ab 50 Cent. Mo–Fr
9–18, Sa 9–13 Uhr | Steinheilgasse
3 | Tel. 2 59 85 77 | www.carla.at | Bus
28, 29A Hawlicekgasse | 21. Bezirk

FRISEUR HEADQUARTERS [143 D5]

Die Headquarters Academy ist eine
private Friseurschule, deren Teilneh-
mer das Praxistraining im Headquar-
ters-Academy-Trainingssalon absol-
vieren. Das bedeutet für die Nach-
wuchsfriseure: üben, üben, üben.
Und für die Kunden: preiswerte Inside Tipp
Haarschnitte. All jenen, die nun
Angst haben, dass sie bei den
Schnäppchenpreisen (z.B. Waschen,
Schneiden, Föhnen für 25 Euro,
Strähnchen für 29 Euro) kein Mit-
spracherecht beim neuen Schnitt haben, sei gesagt: Keine Sorge, indivi-
duelle Wünsche werden nach ausgie-
biger Beratung erfüllt und das immer
unter Anleitung eines Profis. Mo–Fr
10–19, Sa 9–15 Uhr | Schleifmühl-
gasse 15 | Terminvereinbarung unter
der Tel. 5 81 10 42 | www.headquar
ters.at | U 4 Kettenbrücken-gasse | 4.
Bezirk

SÜSSWAREN

MANNER [0]

Ein Kilo Schokobananen schon ab
2 Euro? Bei Manner gibt es solche
Schnäppchen. Ab Werk bietet der
Süßwarenhersteller nicht nur Saison-
artikel supergünstig, sondern auch
Bruchware verschiedenster Sorten Inside Tipp
(0,5 kg für 1–5 Euro). 1890 gründete
Josef Manner seine Süßwarenfabrik
und brachte wenig später die Neapo-
litaner-Schnitte, einen Riegel aus
dünnen Waffelschichten und Hasel-
nusscreme, auf den Markt. Heute

kennt fast jeder diese Süßigkeit, die erfolgreich in alle Welt exportiert wird. Im Stammgeschäft gegenüber dem Stephansdom sind neben den Schnitten, die rund 90 Cent kosten, weitere sehr wienerische Spezialitäten wie besagte Schokobananen sowie Rum-Kokos-Kugeln (Packung 2,40 Euro) zu haben. *Werkverkauf: Mo–Fr 9–17 Uhr | Wilhelminenstr. 6 | Tel. 488 22 37 70 | Straßenbahn 44 Wattgasse | 17. Bezirk; City* **[133 D2]**: *tgl. 10–21 Uhr | Stephansplatz 7 (Ecke Rotenturmstraße) | www.man ner.com | U 1, 3 Stephansplatz | 1. Bezirk*

Bei Headquarters bieten angehende Friseure günstiges Hairstyling

DOROTHEUM [132/133 C/D2]

Auch wer im „Pfandl", diesem weltberühmten, vor 300 Jahren als „Versatzt- und Frag-Ambt" gegründeten sehr eleganten Auktionshaus, nichts kaufen (oder vesetzen) will, sollte ihm einen Besuch abstatten. Das edle Palais ist eine Augenweide. Noch viel sehenswerter sind die in dem dreistöckigen Labyrinth aus stuckverzierten Räumen ausgestellten Schätze: In einigen Sälen fühlt man sich inmitten der Möbel, Teppiche, Spielwaren und vielerlei Kuriositäten in eine Art gehobenen zentraleuropäischen Basar versetzt. Im Bereich „Freier Verkauf" kann man direkt einkaufen. *Palais Dorotheum | Dorotheergasse 17 | Mo–Fr 10–18, Sa 9–17 Uhr | Tel. 5 15 60 200 | www.dorotheum.com | U3 Stephansplatz | Bezirk 1*

FIRST CLASS – SECOND HAND [146 A3]

„Stil ist keine Frage des Geldes", so das Motto von Jacky Maschek, die in ihrer Boutique in der Nähe von Schloss Schönbrunn ausschließlich Labels internationaler Top-Designer führt. Yves St. Laurent, Escada, Prada, Gucci, Cerruti, Chanel: Alle Stücke sind getragen, aber erstklassig und gepflegt. Die Preise sind variabel, von 200 Euro aufwärts. *Mo–Fr 10–13, 14–18, Sa 10–13 Uhr | Maxingstr. 4 | Tel. 8 77 17 22 | www.firstclass-se condhand.at | U 4 Hietzing | 13. Bezirk*

KUNSTSUPERMARKT [142 B5] `Inside Tipp`

„Kunst macht glücklich", lautet das Motto dieses „Supermarktes", der zwei Wintermonate lang seine Pforten öffnet. Und die dort angebotene Kunst ist auch noch bezahlbar. Etwa 70 Gegenwartskünstler, darunter gut ein Dutzend Österreicher, verkaufen Originalarbeiten. Zu erwerben sind sowohl Zeichnungen, Aquarelle, Acryl- und Ölgemälde als auch Fotografien und Kleinplastiken. Die Preise: ca. 50 bis 300 Euro. *Mitte Okt.– Mitte Jan. Mo–Fr 11–19, Sa 10–18 Uhr | Mariahilferstr. 103 (Passage) | Tel. 0664 3 97 43 99 | www.kunstsupermarkt.at | U3 Zieglergasse | 6. Bezirk*

MCARTHURGLEN DESIGNER OUTLET [132 C4]

Preiswerter wird man hochwertige Designerware von Markennamen wie Levi's, Nike, Tommy Hilfiger, Ralph Lauren, René Lezard in Österreich schwerlich finden. Insgesamt vereint das schicke, an der Ostautobahn A4 gelegene Outletcenter unter seinem Dach mehr als 150 Shops, in deren Regalen sich Produkte von mehr als 600 Markendesignern stapeln – alles um 20 bis 70 Prozent günstiger als reguläre Ware. Das Schnäppchenparadies liegt rund 30 Autominuten von Wien im Burgenland. *Mo–Do 9.30–19, Fr 9.30–21, Sa 9–18 Uhr | Parndorf | Designer Outlet Str. 1 | Tel. 21 66 36 14 | www.mcarthurglen. com | jeden Fr 11–20 und Sa 9–17 Uhr verkehrt zu jeder vollen Stunde ein Direkt-Shuttlebus zwischen Wiens City und dem Outlet, Tickets (retour) 11 Euro, Haltestelle in Wien: vis-à-vis der Oper (Haupteingang), Opernring 3–5*

NEUE WIENER WERKSTÄTTEN [138 A4]

Geheimtipp für Schnäppchenjäger von edlen Möbelstücken zu akzeptablen Preisen. Auf der Homepage wird über Outlet-Angebote informiert. Mehrmals jährlich stellt der Schauraum Einzelstücke aus, die zum Teil um satte 1000 Euro verbilligt abgegeben werden (dann kostet z. B. ein Wiener-Werkstätten-Schreibtisch aus Eiche statt 2897 um 1738 Euro). *Mo–Fr 9–18, Sa 10–15 Uhr | Theresienstr. 6 | Tel. 4 05 61 25 | www. nww.at | U6, Straßenbahn 44 Alser Straße | 18. Bezirk*

VINTAGE FLO [143 D5]

In diesem Klamottenladen werden Schnäppchenjäger auf jeden Fall fündig: 100 Jahre alte Designerstücke werden hier ebenso zum Verkauf angeboten wie psychedelische 80er-Jahre-Mode. Vintage Flo ist die angesagte Pilgerstätte für nostalgische Modeliebhaberinnen – das macht das Geschäft zu einem gefragten Ausstatter von Theater-, Film- und Fernsehproduktionen. Hier entdeckt man mitunter Luxuriöses wie Charlston-Kleider aus den 1920er-Jahren. Edle Designerkleider aus den 40er-Jahren sind schon für bezahlbare 80 bis 130 Euro zu haben, gemäß dem Motto: Wer suchet, der findet. *Mo–Fr 10–18.30, Sa 10–15.30 Uhr | Schleifmühlgasse 15a | Tel. 5 86 07 73 | www.flovintage.com | Bus 59A Schleifmühlgasse | 4. Bezirk*

> Coole Musik, hippe Clubs, Happy Hour – Wiener Nächte sind lang, aber nicht unbedingt teuer

Nachts werden in Wien ganz andere Saiten aufgezogen! Dann klingt die Weltmetropole der klassischen Musik vielerorts jung, experimentell, hip. House, Techno und Hip-Hop, Indierock, elektronische Musik und Jazz kann man in der österreichischen Hauptstadt allabendlich erleben. Wiener Sampling- und Remixing-Stars füllen bei Live-Gigs Clubs und Konzertbühnen. Selten wird viel Eintritt verlangt.

Im Café Carina, im legendären B72 oder im Café Concerto kosten viele Konzerte sogar gar nichts. Schluss ist oft erst im Morgengrauen. Auch die Bar- und Kaffeehaus-Szene klappt übrigens längst nicht mehr, wie früher, vor Mitternacht die Gehsteige hoch. In vielen Locations kann man zudem günstig Spaß haben – dank Happy Hour oder anderen Sonderaktionen oft sogar in schicken Locations, wie etwa der Roten Bar im Volkstheater. Übrigens: Kneipen müssen, wo möglich (!), Raucher- und Nichtraucherbereiche einrichten. Das lässt jede Menge Platz für Interpretationen. Rechnen Sie also lieber nicht mit rauchfreien Zonen. Und genießen Sie Wien bei Nacht trotzdem: Der Mix aus österreichischer Gemütlichkeit und coolem Weltstadt-Flair ist einfach einzigartig …

NACHT LEBEN

BARS, CLUBS, PARTYS

DAS WERK [135 D5]

Dreckig, günstig, gut. Das Kunst-
und Kulturzentrum Das Werk gehört
zu den Fixpunkten der Wiener Un-
derground-Szene und bietet Platz für
Künstler abseits des Mainstream:
aus bildender Kunst, Theater, Literatur, Musik und Performance. Zumeist sind DJs mit harten Bässen am
– oder im – Werk. Ab und an spielen
auch Bands. *Öffnungszeiten nach
Veranstaltung | Spittelauer Lände
12 | Tel. 0677 61 45 76 23 | www.
daswerk.org | U6 Josefstädter
Straße | 9. Bezirk*

FLUC [140 B5]

Einmal vom Praterstern über die
Straße Richtung Riesenrad, und Sie

sind da: im Fluc. Der Club mit den
vielen Graffitis und den ==günstigen
Getränkepreisen== (3,20 Euro für ein
großes Bier, 2,10 Euro für eine Weiß-
weinschorle) ist ein Fixpunkt der al-
ternativen Szene. Streng genommen
gibt es zwei Flucs: Oben das Musik-
café lockt allabendlich scharenweise
hippe Jugend sowie Jung-Künstler.
Hier finden auch regelmäßig Kunst-
aktionen und -ausstellungen statt.
Darunter eine zum Tanztempel na-
mens Fluc-Wanne umfunktionierte
Fußgängerpassage, deren Schwerpunkt auf gutem, elektronischem
Sound liegt. Immer wieder spielen
Livebands, auch Kabarettabende stehen auf dem Programm. Oberirdisch
gilt dabei immer: Der Eintritt ist
frei. Für Events in der Wanne ist

Inside Tipp

hingegen ein moderater Obolus fällig, selten mehr als 5 Euro, bei Nachwuchsbands oft nur eine freie Spende. Nachteulen aufgepasst: Mit den Sperrstunden nimmt man es im Fluc nicht so genau. *Tgl. 18–ca. 4, DJs ab 21, live ab 22 Uhr | Praterstern 5 | www.fluc.at | U 1, 2 Praterstern | 2. Bezirk*

KRAMLADEN [142 A3]
Obwohl erst vor wenigen Jahren eröffnet, gehört der Kramladen mit seinem unkonventionellen Musik- und Kulturangebot zu den angesagtesten Locations Wiens. Täglich spielen Livebands, die Bandbreite lässt fast alles zu: von der Indie-Band aus der Provinz bis hin zu internationalen Stars. *Eintritt zwischen freier Spende und 8 Euro | Mo–Sa 18–6, Konzertbeginn meist ab 21 Uhr | Lerchenfelder Gürtel, U-Bahnbogen 39–40 | Tel. 0699 12 18 51 77 | www.facebook.com/kramladen.wien | U 6 Josefstädter Straße | 8. Bezirk*

Cocktails mit Live-Show: Im Soho Vienna gehört Karaoke zum guten Ton

Insider Tipp

LIVING ROOM [142 B2]

Wer am meisten weiß, gewinnt. Mit dem StudyQuiz im Living Room macht Raten Spaß. Mit etwas Glück kann man dabei den Jackpot knacken und gewinnt Drinks bis zum Abwinken. Wer am Montag aufstehen muss, sollte sich freilich eher an den Gratis-Tischfußballtisch halten und vielleicht besser am **Mittwoch wiederkommen, wenn es 0,3 l Zipfer-Bier für 1,80 Euro,** weiße Spritzer für 1,60 Euro oder einen Tequila für 40 Cent gibt. Das Lokal mit den gemütlichen Ohrensesseln bietet klassische Kneipenunterhaltung mit günstigem Flipper, Dart, Billard und Bier-Pong, bei dem man mit einem Pingpong-Ball in eine Dreierformation aus Biergläsern treffen muss. Dazu gibt es Großbildschirme für Sportevents sowie die Übertragung aller Spiele der deutschen Fußballbundesliga. *Mo–Do 18–2, Fr 18–4, Sa 15–4, So 15–2 Uhr, Aug. geschl. | Pfeilheilgasse 8 | Tel. 4 05 82 43 | www.yourliving room.at | Straßenbahn 46 Strozzigasse | 8. Bezirk*

SOHO VIENNA [136 B4]

Cocktails für 2,90 Euro, und das den ganzen Abend! Diese zu Füßen von Wiens höchstem Wolkenkratzer gelegene Bar ist besonders bei jungem Publikum beliebt. Die singen im Soho Vienna Karaoke und schlürfen günstige Mixgetränke. **Montags kosten alle Cocktails nur 1 Euro.** *Mo–Do 17–2, Fr bis 3, Sa bis 4, So bis 2 Uhr | Handelskai 94–96 | Tel. 0664 5 15 97 86 | www.soho-vienna.at | U6 Handelskai | 20. Bezirk*

TAG/NACHTASYL [142 B5]

Vor bald 40 Jahren war das Tag/Nachtasyl das nächtliche Refugium tschechoslowakischer Oppositioneller in Wien. Sogar der spätere Staatspräsident Vaclav Havel soll eines Abends reingeschneit sein. Heute hat das gut verrauchte Kellerlokal – von den linken Parolen an den Wänden abgesehen – nur noch wenig politische Relevanz. Aber damals wie heute schätzt die alternative Szene Wiens die Kneipe für laute Musik, ausgelassene Atmosphäre und moderate Getränkepreise (3,20 Euro für ein großes Bier, 2 Euro für einen weißen Spritzer, unter der Woche zwischen 17.30 und 19 Uhr kostet alles nur die Hälfte). *Mo–Fr 17–4, Sa/So 20–4 Uhr | Stumpergasse 53–55 | Tel. 0699 19 67 66 61 | www.face*

book.com/TagNachtasyl | U3 West-
bahnhof | 6. Bezirk

WIRR/CLUB DUAL [142 B3]

Skurrile Mischung aus Beisl und
Lounge mit Abstract Art und gemal-
tem Alpenpanorama an den Wänden.
Ganztägig werkeln kreative, bio-bewegte Köche an den Töpfen (Mittags-
menüs ab 7,80 Euro, abends kleine
Gerichte ab 3,20 Euro, ein Glas Wein
ab 2,60 Euro), abends in Szenekreisen
hoch gepriesene DJs an den Platten-
tellern im Club Dual im Keller. Jeweils Mittwoch bis Samstag gibt's
schräge Tanzpartys. *Party-Tickets
5 Euro | So–Mi 8–2, Do–Sa 8–4 Uhr |
Burggasse 70 | Tel. 929 40 50 | www.
wirr.at | Autobus 13A Neubaugasse/
Burggasse | 7. Bezirk*

CAFÉS

HAWELKA [133 C3]

Wiens prominente Künstlerbohème,
die noch in den 80ern hier Nacht für
Nacht ihre Zelte aufschlug, ist mittlerweile mehrheitlich Studenten und
Touristen gewichen. Doch Behag-
lichkeit, Platznot sowie die leichte
Abgenutztheit des Interieurs und, vor
allem, die ab 22 Uhr servierten hei-
ßen Dukatenbuchteln (fünf sattma-

chende Dampfnudeln für 10 Euro)
schmecken noch immer so vorzüglich, wie Georg Danzer sie im Lied
vom „Nackerten im Hawelka" be-
sang. *Tgl. 8–24, Do–Sa 8–1, So 10–
24 Uhr | Dorotheergasse 6 | Tel.
5 12 82 30 | www.hawelka.at | U1, 3
Stephansplatz | 1. Bezirk*

MERKUR [142 C1-2]

Beliebter Studenten- und Künstler-
Treff: Das Sortiment internationaler
Zeitschriften ist groß, eine gratis In-
ternet-Ecke vorhanden und die Küche
bis nach 1 Uhr früh unschlagbar preiswert und gut (Kleinigkeiten wie gefüllte Fladenbrote ab 4,50 Euro,
Hauptspeisen ab 6,50 Euro, Getränke
ab 1,50 Euro). *Tgl. 10–2 Uhr | Floria-
nigasse 18 | Tel. 9 90 54 13 | www.cafe
merkur.at | U2 Rathaus | 8. Bezirk*

PETERS OPERNCAFÉ [133 E3]

Dieses Jugendstillokal ist keine Bar,
kein Restaurant und kein Kaffeehaus,
sondern eine Institution. Opernbe-
geisterten dient es als Ort der Begeg-
nung und Diskussion. Das Gästebuch
liest sich wie ein Who's who der
Opernwelt: Dirigenten wie Karajan
oder Bernstein, die Baltsa, José Car-
reras – alle waren sie da. Die Wände

sind tapeziert mit Programmzetteln und Schwarz-Weiß-Portraits jener Stars, die auf der Bühne der Staatsoper brillierten. Wenn dort der Vorhang gefallen ist, ==kommen viele Sänger auf einen Snack vorbei== – mit einer Schar treuer Verehrer im Schlepptau. Patron Peter Jansky serviert ihnen kulinarische Kleinigkeiten (Toast 3,80 Euro, Gulaschsuppe 4,20 Euro), ein Glas Wein (ab 2,50 Euro), Kaffee (ab 2,50 Euro), und

Insider Tipp

dazu über Lautsprecher – wie könnte es anders sein – Arien. *Mi–Sa 18–1 Uhr, Juli, Sept. geschl. | Riemergasse 9 | Tel. 5 12 89 81 | www.petersopern cafe.at | U 3 Stubentor | 1. Bezirk*

PHIL [132 B5]

Ein anregender Mix aus Café und Buch-, CD- und DVD-Laden im Retrodesign: Bei Espresso (um 2,30 Euro) oder Biofruchtsaft (3,30 Euro) und einem Snack (ab 3,30 Euro) stu-

Charme und (Jugend-)Stil gehören seit jeher zum Erfolgsrezept des Cafés Hawelka

diert man die in Speisekartenform gedruckten Verkaufslisten und kann sich aus dem Regal greifen, was einen interessiert und darin – kostenlos, versteht sich – schmökern. Möbel und Wohnaccessoires werden verkauft, Vasen und Schmuck z. B. ab 12 Euro. *Mo 17–1, Di–So 9–1 Uhr | Gumpendorferstr. 10–12 | Tel. 5 81 04 89 | www.phil.info | U1, 2, 4 Karlsplatz | 6. Bezirk*

KULTUR GEMIXT

CAFÉ CARINA 🐷   [142 B2]

Da fährt die U-Bahn drüber: Das Lokal mit dem charmant-schrägen Flair ist in einer wunderschönen, einst von Otto Wagner gestalteten Jugendstil-U-Bahn-Station zu Hause und ein Kraftort der nichtkommerziellen Kreativszene Wiens. Strikt selbstverwaltet, kommt hier ==nahezu täglich Kleinkunst live auf die Bühne== – Konzerte, Kabarett, Lesungen, Film, Video, Performance, vor allem aber Musik sämtlicher U-Genres. Alle Veranstaltungen sind kostenfrei. Gute Stimmung, originelles Publikum. Drinks und Snacks sind allerdings nur mittelbillig. *Eintritt frei | Mo–Do 18–2, Fr/Sa 18–6 Uhr | Josefstädter Str. 84 | Tel. 40 643 22 |* www.cafe-carina.at | U6 Josefstädterstraße | 8. Bezirk*

ROTE BAR IM VOLKSTHEATER   [142 C3]

Der ideale Treffpunkt für Querdenker und schräge Vögel: gute Drinks (ab 3,30 Euro) und leichte Speisen (ab 3,80 Euro), Sonntagsbrunch nach Voranmeldung. Jeden Montag und Donnerstag nach Ende der Theatervorstellung gibt's Barmusik am Klavier, dienstags Jazz mit jungen heimischen Talenten, mittwochs die Reihe „Wort & Spiele" für Liebhaber spannender Literaturexzesse und provokanter Performances. Mehrmals im Monat steht der Radio-Wien-Literatursalon auf dem Programm. Von Samstag ab 23 bis Sonntag 4.30 Uhr früh verwandelt sich der elegante, mit Kristalllüstern, Marmorsäulen, Stuck und roten Draperien verzierte Salon in eine von tollen DJs und Bands bespielte Clubbing-Location. *Häufig* 🐷 *Eintritt frei, sonst 5–15 Euro | tgl. 18.30–1 Uhr | Neustiftgasse 1, im Volkstheater | Tel. (tagsüber) für Programminfos: 52 11 10; für Tischreservierungen: 0699 15 01 50 13 | www.volkstheater. at, www.rotebar.at | U2, 3, Straßenbahn 49 Volkstheater | 7. Bezirk*

Insider Tipp

NACHTLEBEN

LIVEMUSIK

B72 [142 B1]

Diese Livemusik-DJ-Bar ist fester Bestandteil der Lokalmeile in den sogenannten Stadtbahnbögen. Mit kleinen, feinen Konzerten hat sich der gemütliche Club einen Ruf als musikalischer Feinkostladen abseits des Mainstreams erarbeitet. Jeden letzten Dienstag des Monats spielen ab 20 Uhr im Club Nolabel drei junge, meist sehr gute Bands, die noch keinen Plattenvertrag haben (*Eintritt 4 Euro*), danach geht's weiter mit DJ-Line. 🐷 *Eintritt in der Regel frei, bei ausgewählten Konzerten Tickets ab 4 Euro | tgl. 20–4 Uhr | Hernalser Gürtel, Stadtbahnbogen 72–73 | Tel. 4 09 21 28 | www.b72.at | U 6 Alser Straße | 8. Bezirk*

CAFÉ CONCERTO [142 A2]

Willkommen in diesem etwas anderen Wiener Café! Im Obergeschoss sitzt man im farbenfroh und mit Stechpalmen möblierten Kaffeehaus und genießt preiswerte Getränke (etwa ein großes Bier für 3,60 Euro) und Imbisse wie Würstchen oder belegte Brote (2,10 Euro). Einen Stock tiefer im Kellergewölbe gibt's Livemusik aller Genres: Irish-Scottish Folk, neues Wienerlied, Musik aus dem Orient und neue Volxmusik. Außerdem im Programm: Lesungen, jeden Dienstag ab 21 Uhr Jazz-Sessions und regelmäßig feine DJ-Lines. Im Partyraum stehen Tischfußballtische und eine Videoleinwand für Sportübertragungen. Im Sommer kann man draußen sitzen. 🐷 *Eintritt zu Veranstaltungen meist frei, sonst 5–7 Euro | Di–Sa Café 19–2, Keller 21–mind. 4 Uhr | Lerchenfelder Gürtel 53 | Tel. 4 06 47 95 | www.cafeconcerto.at | U 6 Thaliastraße | 16. Bezirk*

CAFÉ REIGEN [146 A2]

Ein Geheimtipp neben Schönbrunn: eine gemütliche Jazzkneipe mit regelmäßigen Livekonzerten am Wochenende. Wenn sonst alles überfüllt ist, hier ist immer Platz. 🐷 *Eintritt frei oder 1–25 Euro | tgl. 18–2 Uhr | Hadikgasse 62 | Tel. 8 94 00 94 | www.reigen.at | U 4 Hietzing | 14. Bezirk*

CHELSEA [142 A3]

Seit mehr als 20 Jahren aus dem Wiener Nachtleben nicht wegzudenken: täglich wechselnde DJ-Reihen, mehrmals wöchentlich Live-Gigs in- und ausländischer Bands, schöner

Garten, internationale Fußball-Highlights via Satellit auf Großbildleinwand. Und günstig ist das Chelsea auch noch: 0,3 l Bier kosten 2,80 Euro, Mineralwasser 1,90 Euro. *Konzerte ca. 6–8 Euro, Einlass ab 21 Uhr | tgl. 18–4 Uhr | Lerchenfeldergürtel Stadtbahnbogen 29–31 | Tel. 4 07 93 09 | www.chelsea.co.at | U 6 Thaliastraße | 8. Bezirk*

FLEX [139 E4]

Underground live im U-Bahn-Bunker – von Drum'n'Bass über Noise und Jungle bis zu Hardcore bietet das Flex alles. Auf der Hauptbühne in der Halle finden an der Hälfte der Abende Live-Auftritte statt, sonst gibt's DJ-Lines. Klassiker unter Wiener Studenten: Crazy (Di), Beat it (Do) und London Calling

Im Sommer werden vor dem Flex die Biertische aufgeklappt

(Fr). *Halle: Eintritt ab 5 Euro | Konzerte meist 19.30 Uhr | Abgang Augartenbrücke | Tel. 5 33 75 25 | www.flex.at | U 2, 4 Schottenring | 1. Bezirk*

TUNNEL [142 B2]

Das Szenelokal Tunnel bietet Raum für mehr als 400 Gäste, und das Veranstaltungsprogramm liest sich gut: Dienstag bis Samstag Livemusik aller Genres – von Rock und Pop bis Mundart und Blues. 🐷 Highlight für Jazzfans: Jeden Sonntag- und Montagabend versammelt man sich hier zu einem Konzert oder einer Session – für lau. Dazu gibt es eine große Speiseauswahl zu super Preisen (Hauptspeisen ab 5,50 Euro, Salate oder Suppen ab 3,80 Euro). *Mo–Sa 9–2, So 9–24 Uhr, Musikbeginn 21 Uhr | Florianigasse 39 | Tel. 9 47 57 20 | www.tunnel-vienna-live. at | U 2 Rathaus | 8. Bezirk*

TANZCLUBS & DISCOS

GRELLE FORELLE [139 D1]

In der Grellen Forelle am Ufer des oberen Donaukanals werden hauptsächlich wilde elektronische Musikpartys gefeiert. An vereinzelten Abenden kann man hier aber auch Kunstveranstaltungen wie Performances oder Theateraufführungen in den Clubräumen besuchen. *Eintritt 0–28 Euro (je nach Veranstaltung) | Fr/Sa 23–6, im Sommer bei Schönwetter auch ab 20 Uhr (vereinzelt auch andere Termine) | Spittelauer Lände 12 | www.grelleforelle.com | U 4, 6, Straßenbahn D, S-Bahn 40, Bus 35A, 37A Spittelau | 9. Bezirk*

LOCO 🐷 [138 B5]

Abfeiern mit House-Musik und Longdrinks muss nicht teuer sein – wenn man weiß wo. Eine der besten Adressen für partyhungrige Clubber mit schmalem Portemonnaie liegt nur einen Steinwurf von der U-Bahn-Station Nussdorferstraße entfernt. Das Loco lockt ==montags mit unschlagbaren Angeboten für Cocktails:== **Insider Tipp** Wer um 19 Uhr kommt, zahlt 50 Cent pro Drink – danach steigt der Preis stündlich um einen Euro, bis er bei immer noch moderaten 3,50 Euro (oder 2,30 Euro für ein großes Bier) stehen bleibt. Bei den Preisen glauben Sie, dass es sich beim Loco um einen schmutzigen Schuppen handelt? Irrtum! Der kleine, aber feine Club gehört mit zwei Dancefloors zu den hippsten Adressen der Stadt.

Reservieren kann daher nicht scha-
den. *Eintritt frei | Währinger Gürtel,
U-Bahn-Bogen 172–174 | Tel. 0664
2 05 81 07 | www.locobar.at | U6
Nussdorferstraße | 9. Bezirk*

OPERA CLUB [133 D4]

Multikulti und Nachtleben passen
gut zusammen. Wenn Sie diese Mischung in Wien suchen, sind Sie im
Opera Club richtig. Die Location
unweit vom zentralen Karlsplatz ist
ein Highlight für Freunde der Bal-
kandisko und gilt als Underground-
Tipp. Das musikalische Angebot hat
Pfiff und ist breit gefächert – auf jeden Fall immer höchst tanzbar, und
die Getränkepreise sind moderat.
*Eintritt ab ca. 10 Euro | Öffnungszei-
ten nach Veranstaltung | Mahlerstr.
11 | www.operaclub.at | U1, 2, 4
Karlsplatz | 1. Bezirk*

PRATERSAUNA [145 D1]

Wo gibt's denn so was? Ein dubioses
Rotlichtlokal wird zum In-Treff für
trendige Youngster. So geschehen in
diesem im Retro-/Modern-Mischstil
designten Etablissement aus den
1960er-Jahren. Ein großer Hit ist der
Pool im Garten, der im Sommer auch
benutzt werden darf. Die Innenräume

werden auf mehreren Floors bespielt
– mit Minimal Techno, Electronic
Acts und rockigen Livebands. *Eintritt bei Partys und Gigs 5 bis ca. 11
Euro | Sept.–April Fr/Sa 23–6, Mai–
Sept. Di–So 22–6 Uhr | Waldstein-
gartenstr. 135 | Tel. 7 29 19 27 | www.
pratersauna.tv | U2 Messe-Prater,
Straßenbahn 1 | 2. Bezirk*

RIDE CLUB [138 C2]

Angesagte Location in den Stadtbahnbögen. Stück für Stück hat sich
der Rotlichtgürtel in eine schicke
Szenemeile verwandelt. Der Club
bietet eine hippe Bar mit ansprechen-
dem Musikmix, eine Kristall-Lounge
zum Chillen und eine große Tanzflä-
che. Cocktail-Highlight: Montags
zahlt man zwischen 21 und 22 Uhr
nur 50 Cent, von 22 bis 23 Uhr 2,50
Euro und danach schlanke 3,50 Euro
pro Cocktail. Wer sich – kostenlos –
vorab via WhatsApp registrieren
lässt, genießt weitere Vergünstigun-
gen. *Eintritt nach Veranstaltung,*
*So–Do freier Eintritt für alle | Mo
19–4, Di–Sa 20–4, So 20–3 Uhr |
Währinger Gürtel, Bogen 175/176,
neben der U-Bahn-Station | Tel. 0676
3 33 45 00 | www.rideclub.at | U6
Nussdorferstraße | 9. Bezirk*

WIENER FREIHEIT [143 D5]

Die Wiener Freiheit ist ein Schwulen- und Lesbentreffpunkt – aber Heteros fühlen sich hier genauso wohl. Rund um die Bar im Erdgeschoss und in den oberen Etagen sitzt man wie in einem britischen Club, gemütliche Sitznischen sorgen für ungestörte Gespräche. In Rot und Orange und mit viel Leder empfängt die Disco im Kellergeschoss ihre Gäste. Die Getränkepreise sind fair: Für einen Kaffee sind (in Verrechnung gegen einen anfangs zu kaufenden Sammelbon für 5 Euro) 2,80 Euro, für ein Glas Wein ab 1,80 Euro, für Cola Rum 2,80 Euro fällig. Freitags und samstags gibt es die „Superaktion": Von 21 bis 22 Uhr sind alle Getränke um 0,50 Euro reduziert. **Insider Tipp**

Freier Eintritt | Fr/Sa 21–4, Disco ab 22 Uhr | Schönbrunner Str. 25 | Tel. 9 13 91 11 | www.wienerfreiheit.at | U4 Pilgramgasse | 5. Bezirk

CLEVER!
> *Clubfeeling im Kino*

Ein Abend im Schikaneder oder im Top-Kino ist viel mehr als nur ein Kinobesuch. Die beiden Programmkinos versorgen Cineasten nach dem All-inclusive-Prinzip nicht bloß mit hochwertigen Filmen, sondern zusätzlich noch mit feinen Drinks bzw. Speisen, mit Musik und Clubfeeling. Für das Schikaneder heißt das: täglich um 19 und 21 Uhr und im Sommer zusätzlich um Mitternacht zwei bzw. drei Filme, danach freitags und samstags oft DJ-Lines im Foyer Kunstausstellungen und Performances. Im Top-Kino gibt's zudem leckere Kleinigkeiten (Toast, Tofu, Antipasti ab 3 Euro, Tagesmenüs für 6,90 Euro). In beiden Häusern werden kostenlose Rahmenveranstaltungen geboten, z. B. können Sie jeden Sonntag gratis „Tatort" auf der Leinwand schauen (S. 22). **Schikaneder [143 D5]**, *Kinoticket 7,50 Euro | tgl. 18–4 Uhr | Margaretenstr. 24 | Tel. 5 85 28 67 | www.schikaneder.at | U4 Kettenbrückengasse | 4. Bezirk;* **Top-Kino [132 B4]**, *Kinoticket 7,50 Euro | Mo-Mi 11–2, Do-Sa 11–4, So 10.30–24 Uhr (Küche bis 23.30 Uhr) | Rahlgasse 1 | Info: Tel. 5 85 28 67, Reservierungen: Tel. 2 08 30 00 | www.topkino.at | U2 Museumsquartier | 6. Bezirk*

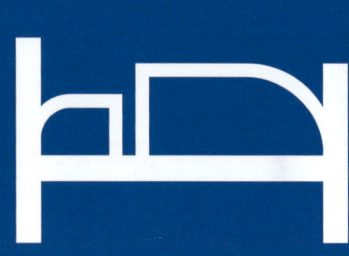

> Einheitsdesign? Von wegen. Viele preiswerte Hotels und Pensionen in Wien haben Charme und Flair

Cooles Ambiente, kostenlose Internetterminals, WLAN in der Bar, eine Lounge für alle: Aus Wien stammt die Marke Wombat's, eine innovative, sympathische Mischung aus Jugendherberge und Hotel. Das Wombat's The Base war so erfolgreich, dass es nicht nur in Wien, sondern nun auch in Berlin, Budapest, London und München Ableger gibt.

Etwa 62 000 Gästebetten stehen in Wien, viele davon natürlich in Drei- und Vier-Sterne-Häusern. Aber es gibt auch jede Menge günstige, wirklich empfehlenswerte Unterkünfte. Sie sind allesamt gepflegt und absolut akzeptabel. Manche, wie z. B. das Do

Step Inn oder das Hotel Korotan haben sogar richtig hübsche, mit Geschmack und Fantasie eingerichtete Zimmer. Himmelbett? Kunst an der Wand? Kühles Design? Dieses Kapitel gibt viele Tipps, wo und wie Sie sich in Wien betten können.

Besonders charmant sind übrigens Pensionen in Altbauten. Oft liegen sie nur auf einer Etage und bieten das Flair einer privaten Wohnung mit hohen Decken und vielen Zimmern. Viele sind familiär, individuell und sympathisch, wie die Pension Neuer Markt unweit des Stephansdoms. Frühstück wird serviert, essen geht man einfach ums Eck.

SCHLAFEN

APARTMENTS

APPARTEMENTS JOSEFSTADT [142 C1]

Mitten im kleinsten und wohl bürgerlichsten Bezirk Wiens finden sich diese überraschend leistbaren Apartments für ein bis sechs Personen. Unweit vom bekannten Theater in der Josefstadt gelegen, verfügen alle Zimmer über eine moderne Einbauküche mit Kühlschrank und Mikrowelle sowie Fernsehen, DVD-Player, WLAN, Telefon und Stereoanlage. Ausländische Angehörige von Patienten der umliegenden Privatspitäler nächtigen häufig hier. *2-Personen-Apartment um 90 Euro pro Nacht und Zimmer, Kinder bis 6 J. frei, Zustellbett 25 Euro (Mindestbuchdauer 3 Tage) | 14 Apts. | Alserstr. 29, Eingang Kochgasse 36 | Tel.* *4 06 51 12 | www.appartements-josefstadt.at | Bus 13A, Straßenbahn 43, 44 Skodagasse | 8. Bezirk*

GARTL APARTMENTS [147 D3]

Eigentlich ist das Gästehaus im Wiener Arbeiterbezirk Meidling ein Hostel. Aber ein absoluter Geheimtipp sind die ebenso großzügigen wie günstigen Apartments mit Blick auf den malerischen Innenhof, in dem Sie oft ein sonniges Plätzchen zum Frühstück finden. Für schlanke 69 Euro können sich Gruppen bis sieben Personen eine Wohneinheit samt Küche und Bad teilen. Günstiger geht's nicht. Gleich nebenan ist die U-Bahn, in zehn Minuten erreichen Sie die Innenstadt, bis Schönbrunn sind es zwei Stationen. *DZ*

oder 2-Pers.-Apartment ab 59 Euro | 13 Zi. | Schönbrunner Str. 203 | Tel. 0664 4 13 00 61 | www.wien-hostel.at | U 4, 6 Längenfeldgasse | 12. Bezirk

CAMPING

CAMPING NEUE DONAU [0]

Ideal für Freizeitsportler und Sonnenanbeter, weil nahe der Donauinsel, Neuer Donau und der Lobau-Donauauen gelegen. Infrastruktur wie beim Camping Wien West (s. u.) plus Beachvolleyball, Fahrradverleih, Grillplatz und Wohnwagenvermietung. *Je nach Saison p. P. ab 7 Euro, Stellplätze für Zelt mit Kfz ab 5,50 Euro, Zelt mit Fahrrad ab 4,50 Euro, für Wohnwagen, Reisemobile ab 8,50 Euro | Geöffnet 15. April–27. Sept. | Am Kleehäufel | Tel. 2 02 40 10| www.campingwien.at | Bus 91A Lobau | 22. Bezirk*

CAMPING WIEN SÜD [0]

Gediegene Anlage inmitten eines Parks mit Wiesen und Wäldern, ca. 2 km von Schloss Schönbrunn entfernt, etwa ausgestattet wie der Zwillingsbetrieb in Wien West, in direkter Nachbarschaft zudem zwei bestens sortierte Supermärkte. *Je nach Saison p. P. ab 7 Euro, Stellplätze für Zelt mit Kfz ab 5,50 Euro, Zelt mit Fahrrad ab 4,50 Euro, für Wohnwagen, Reisemobile und Zeltklappanhänger ab 8,50 Euro | Geöffnet Juni–Aug. | Breitenfurter Str. 269 | Tel. 8 67 36 49 | www.campingwien.at | U 6 Philadelphiabrücke, Bus 62A Camping Wien Süd | 23. Bezirk*

CAMPING WIEN WEST [0]

Am Rande des Wienerwalds gelegene, 25 Minuten vom Stadtzentrum entfernte Anlage. Sauberer Sanitärbereich mit Küchen, Aufenthaltsräumen, Waschmaschinen und Trocknern, Mini-Supermarkt mit Selbstbedienungsrestaurant, Internet sowie Serviceplätzen zum Entleeren von Chemietoiletten und Wassertanks. Zwischen April und Oktober werden auch wetterfeste Bungalows vermietet (ab 35 Euro). *Je nach Saison p. P. ab 7 Euro, Stellplätze für Zelt mit Auto ab 5,50 Euro, Zelt mit Fahrrad ab 4,50 Euro, Wohnwagen, Reisemobil und Zeltklappanhänger ab 8,50 Euro | Geöffnet ganzjährig außer 1.–15. Feb. | Hüttelbergstr. 80 | Tel. 9 14 23 14 | www.campingwien.at | U 4 Hütteldorf, ab da Bus 148 oder 152 bis Camping Wien West 1 | 14. Bezirk*

Gartl Apartments – gemütlicher und günstiger lässt es sich in Wien kaum wohnen

REISEMOBIL-STELLPLATZ [0]

Wer mit einem Wohnmobil unterwegs ist, kann sich in Wien ganzjährig einquartieren – und das zu schlanken Preisen. Der Wohnmobilpark im Süden der Stadt liegt verkehrsgünstig nahe der Autobahn und bietet Stellplätze für 180 Fahrzeuge, dazu Frischwasserversorgung, sanitäre Einrichtungen und (gegen Aufpreis) WLAN. Nahe der U-Bahn gelegen, ist der Park die perfekte Homebase für abenteuerlustige Wientouristen. Die Nahversorgung ist gut: Rundum

kann man sich in Shops eindecken. Der Stellplatz kostet 19 Euro pro Tag – günstiger kann man als Gruppe kaum Urlaub machen. *Stellplatz 19 Euro, 24 Euro bei Überlänge | 180 Stellplätze | Perfektastr. 49–53 | Tel. 0664 4 33 72 71 | www.reisemobilstell*

platz-wien.at | U 6 Perfektastraße | 23. Bezirk

HOTELS

DO STEP INN [147 F1]

Ein sympathisches Hotel-Hostel-Doppel nahe des Westbahnhofs. Die

Außen gelb, innen bunt: Hotel-Hostel Do Step Inn in Westbahnhofnähe

netten, modernen Hotelzimmer haben farbig gestaltete Wände, Dusche und WC, im Hostel allerdings ohne Bad. Es gibt viele Extras: Gratis-Internet in der Lobby, Wäscheservice, Fahrradverleih, eine Sauna, einen ruhigen Innenhof, 🐷 Selbstkochen kostenfrei möglich. *EZ im Hotel ab 40 Euro, DZ ab 60 Euro, im Hostel DZ ab 40 Euro | 62 Zi. | Felberstr. 20 | Tel. 9 82 33 14 | www.dostepinn. at | U3, 6 Westbahnhof | 15. Bezirk*

HOTEL GEBLERGASSE [138 A5]

Kein Schnickschnack, aber auch keine bösen Überraschungen. Im Hotel Geblergasse finden Sie eine günstige Übernachtung mit Frühstück und freiem WLAN. Das Preis-Leistungs-Verhältnis ist tipptopp: Einzelzimmer schon ab 22,80 Euro. Die Lage ist etwas abseits vom Schuss, aber schön, bis zur U-Bahn sind es nur wenige Gehminuten. *EZ ab 22,80 Euro, DZ ab 44 Euro | 100 Zi. | Geblergasse 21 | www.birghotels.com | U 6 Alserstraße | 17. Bezirk*

IBIS BUDGET WIEN MESSE [140 C4]

Dieses Budget-Hotel kann sich sehen lassen. Es bietet tadellos mit Dusche, WC, Sat.-TV und Klimaanlage ausgestattete Zimmer. Die Lage ist top: lediglich fünf Bahn-Minuten vom Stadtzentrum. *DZ ab 43 Euro, gut sortiertes Frühstücksbuffet 6,90 Euro p. P. | 158 Zi. | Lassallestr. 7 | Tel. 2 12 04 24 | www.ibis.com | U1 Vorgartenstraße | 2. Bezirk*

KOROTAN [142 B1]

Freundlich, sauber, künstlerisch und das alles mitten in einem der schönsten und ältesten Wiener Gemeindebezirke. Das „Kulturhotel" Korotan bietet viele preisgünstige Spezial- und Online-Angebote (*z. B. Last Minute bei Reservierung am Tag der Anreise DZ um 49 Euro, 2. Jan.–2. März und 2. Juli–30. Sept. 4 Nächte zum Preis von 3 bei Direktreservierung spätestens 14 Tage im Voraus*). Darüber hinaus gibt es monatliche Kulturangebote im Haus, z. B. Kunstausstellungen und Literaturabende. 🐷 Der Eintritt ist natürlich für Gäste immer gratis. *Regulär EZ 51 Euro, DZ 75 Euro inkl. Frühstück, DU/WC, TV, WLAN | im Sommer 60, im Winter 24 Zi. | Albertgasse | Tel. 4 03 41 93 | www.korotan.com | U 6 Josefstädter Straße, Straßenbahn 5, 33 Florianigasse, Straßenbahn 2 Albertgasse | 8. Bezirk*

KUGEL [142 C4]

Seit der Rundumrenovierung ist das Hotel deutlich komfortabler als vorher. Die Zimmer sind klein und sauber, alle etwas verspielt, manche mit Himmelbett. Das Biofrühstück ist im Preis inbegriffen. Der 7. Bezirk, in dem das Hotel liegt, wird oft mit dem Pariser Quartier Latin verglichen. Für Schnäppchenjäger: 🐷 Die erste Minibar-Füllung und WLAN im Zimmer sind kostenlos. *DZ ab 119 Euro | 34 Zi. | Siebensterngasse 43 | Tel. 5 23 33 55 | www.hotelkugel.at | U3 Neubaugasse | 7. Bezirk*

LENAS DONAU [137 F5]

Etwas außerhalb der Innenstadt, aber per Öffi gut erreichbar liegt das Lenas Donau, ein schlicht-elegantes Drei-Sterne-Hotel mit kleinen Preisen, Blick auf die Donau inklusive. Ein Doppelzimmer für zwei Erwachsenen ist hier für unter 40 Euro zu ergattern – allerdings ohne Frühstück. *EZ ab 30, DZ ab 37 Euro | 190 Zi. | Wagramer Str. 52 | Tel. 2 04 00 00 | www.lenas-donau.at | U1 Alte Donau | 22. Bezirk*

TIME OUT [132 A5]

Klein, aber fein ist dieses Hotel nahe der zentralen Einkaufsmeile Mariahilferstraße. Familiäre Atmosphäre, faire Preise, kein Schnickschnack. *EZ 42 Euro, DZ 62 Euro | 19 Zi, | Windmühlgasse 6 | Tel. 5 87 71 55 | www.timeout.co.at | U4 Naschmarkt, U3 Zieglergasse | 6. Bezirk*

JUGENDHERBERGEN & HOSTELS

A&O [142 A3]

Das Hostel A&O ist günstig nahe Westbahnhof und Shoppingzone Ma-

---

💡 **CLEVER!**

> **Nach Rabatten fragen**

Viele Hotels, auch teure, bieten im Internet oft günstige Übernachtungspreise an, vor allem in der Nebensaison. Auch am Telefon sollte man immer nach Sonderkonditionen fragen. Ein Großteil der Wiener Unterkünfte ist samt Beschreibung, Lageplan, Preis- und Kontakthinweis auf *www.wien.info* aufgelistet. Auf dieser Webseite kann man gleich online buchen. Beratung und Buchung ist über **Wien-Tourismus** auch telefonisch möglich: *tgl. aus Deutschland unter 0043/1/245 55 oder, alternativ, auch per Fax 245 55 66.*

---

riahilfer Straße gelegen, dazu ordentlich ausgestattet und gepflegt. Die Preise sind kaum zu schlagen! *DZ ab 17 Euro, Mehrbettzimmer ab 9 Euro p. P. | 135 Zi. | Lerchenfelder Gürtel 9–11 | Tel. 493 04 80 39 00 | www.aohostels.com/de/wien | U6 Burggasse | 16. Bezirk*

HOSTEL HÜTTELDORF [0]

Am Stadtrand im Grünen, doch dank U-Bahn-Anbindung ist die City bequem zu errreichen: In einem großen Park bietet das Haus alle Annehmlichkeiten einer modernen Jugendherberge, 🐷 kostenlos sind u. a. Internetzugang, Bettwäsche, Gepäckaufbewahrung, die Nutzung von Waschmaschine und Trockner sowie verschließbare Schränke. Es gibt Parkplätze, eine Chill-out-Lounge mit Billard, Tischtennis und -fußball, dazu eine Spielecke und vieles mehr. *P. P. im Mehrbettzimmer ab 13 Euro | 307 Betten | Schlossberggasse 8 | Tel. 8 77 02 63 | www.hostel.at | Bus 53B Seutergasse | 13. Bezirk*

JUGENDHERBERGE WIEN-MYRTHENGASSE [142 B3]

Freundlich, modern, tadellos in Schuss: Einzel- bis Sechsbettzimmer, alle mit Dusche, teilweise auch mit eigenem WC gibt es in dieser Jugendherberge. Die Rezeption ist rund um die Uhr besetzt, ein gratis Gepäckraum, Internetterminal, begrünter Innenhof, Aufenthaltsraum mit Kabel-TV, dazu eine hauseigene Küche mit preiswerten Drei-Gänge-Menüs. Nur Handtücher gibt es leider keine. *Ab 18 Euro p. P., Frühstück inkl. | 260 Betten | Myrthengasse 7 | Tel. 5 23 63 16 | www.oejhv.at | Bus 48A Neubaugasse | 7. Bezirk*

MEININGER [149 F4] Insider Tipp

Helle, mit viel Holz möblierte Ein-, Zwei- und Mehrbettzimmer sowie teils gemischte, teils Frauen vorbehaltene Schlafsäle, jeweils mit Dusche, WC, Telefon und TV, auf sechs per Lift erreichbare Etagen verteilt, einladender Wintergarten. 🐷 Kostenlose Schließfächer gibt es an der Rezeption. Gegen kleine Gebühr auch Benutzung der Internet-Terminals und der Parkplätze in der Tiefgarage. *P. P. im Mehrbettzimmer ab 18 Euro, im DZ ab 26 Euro, EZ ab 39 Euro | 68 Zi. | Columbusgasse 16 | Tel. 7 20 88 14 53 | www.meininger-hotels.com | U1 Keplerplatz | 10. Bezirk*

PALACE HOSTEL WIEN [0]

Ob das Schloss am Wilhelminenberg mit Panoramablick auf Wien das Attribut „schönste Jugendherberge Europas" zu Recht trägt, sei dahingestellt. Prachtvoll ist seine Lage inmitten des riesigen Parks am Rande des Wienerwalds aber in jedem Fall. Da nimmt man die etwa 20-minütige Anfahrt per Bus aus der Stadt gerne auf sich. *Vierbettzimmer p. P. ab 15 (Hauptsaison 22) Euro, DZ p. P. ab 25 (Hauptsaison 30) Euro, EZ ab 54 Euro | 40 Zi. | Savoyenstr. 2 | Tel. 4 81 03 00 | www.hostel.at | Bus 46B Predigtstuhl | 16. Bezirk*

WESTEND CITY HOSTEL [148 B1]

Der vor einigen Jahren rund um den Westbahnhof entstandene Komplex BahnhofCity Wien West ist mit seiner kühnen, schrägen Silhouette ein weithin sichtbarer Hingucker. Weniger bekannt ist, dass es gegenüber auch ein sympathisches und günstiges Hostel gibt, das vor allem Festivaltouristen aufgrund der perfekten Verkehrsanbindung schätzen. Ein Bett im Schlafraum ist bereits ab 14,30 Euro inklusive Frühstück zu haben, auch die Einzelzimmer sind erschwinglich. *EZ ab 61 Euro | 29 Zi. | Fügergasse 3 | Tel. 5 97 67 29 | www.viennahostel.at | U3, 6 Westbahnhof | 6. Bezirk*

WOMBAT'S THE LOUNGE & THE NASCHMARKT

Wombat's The Lounge liegt zwei Gehminuten vom Westbahnhof direkt an der Shoppingmeile Mariahilfer Straße. ==Ein zweites, noch größeres Wombat-Hostel finden Sie am Naschmarkt.== Zur Auswahl stehen auch Einzel- und Doppelzimmer, vor allem aber Vier- bis Zehnbettzimmer, jeweils mit Dusche, WC und verschließbaren Schränken. Von allen Gästen gemeinsam genutzt werden die gemütlichen Lounges, die Gästeküchen und die womBars – hier lernt man sich beim entspannten Plausch gegenseitig kennen. In den Häusern gibt es jeweils Münzwaschautomaten, kostenloses WLAN und gratis Bettwäsche. Morgens dürfen Sie sich für 4,90 Euro am Frühstücksbuffet bedienen. *DZ p.P. ab 25 Euro, Mehrbettzimmer p. P. ab 9 Euro | The Lounge* [142 A5]: *208 Betten | Mariahilfer Str. 137 | U3, 6 Westbahnhof | 15. Bezirk; @ The Naschmarkt* [143 D5]: *450 Betten | Rechte Wienzeile 35 | U 4 Kettenbrückengasse | 4.*

Insider Tipp

Bild: Das Palace Hostel ist ein ehemaliges Schloss

Bezirk | für beide Hostels: Tel. 8 97 23 36 | www.wombats-hostels.com

PENSIONEN

ANI & ANI-FALSTAFF

Das Ani ist eine familiär geführte Frühstückspension in einem Gründerzeithaus. Unmittelbar vor der Tür wartet die Infrastruktur der Alser Straße, gleich um die Ecke lockt im Sommer die Gastroszene des Campus im Alten AKH. Die Ringstraße ist fünf Straßenbahnminuten entfernt. Im so genannten Servitenviertel, näher zu City und Donaukanal hin, liegt die zugehörige, merklich schickere und teurere Pension Ani-Falstaff. *Ani* [142 B1]: *EZ ab 40 Euro, DZ ab 54 Euro | 18 Zi. | Kinderspitalgasse 1 | Tel. 4 05 65 53 | Straßenbahn 43 Alser Straße; Ani-Falstaff* [139 D4]: *EZ ab 50 Euro, DZ ab 68 Euro | 17 Zi. | Müllnergasse 5–7 | Tel. 3 17 91 27 | Straßenbahn D Schlickplatz | www.freerooms.at | 9. Bezirk*

CITY PENSION STEPHANSPLATZ [133 D2]

Ein luxuriöses Zimmer im Biedermeier-Stil mit Minibar, Flachbildfernseher und Gratis WLAN mitten in der Stadt mit direktem Blick auf

Inside Tipp

CLEVER!

› Im Kloster übernachten

Die von Ordensgemeinschaften und kirchlichen Trägern betriebenen Gästehäuser sind meist freundlich und komfortabel. Zwei Tipps fürs preiswerte Wohnen in sakrale Umgebung: **Benediktushaus** [136 C1]: Zentraler kann ein Hotel kaum liegen. Die Zimmer sind etwas spartanisch, aber geschmackvoll und mit Dusche und WC ausgestattet. *EZ ab 70, DZ ab 100 Euro, jew. mit Frühstück | 21 Zi. | Freyung 6A | Tel. 53 49 89 00 | www.benediktushaus.at | U2 Schottentor, U3 Herrengasse | 1. Bezirk* **Gästehaus des Deutschen Ordens** [137 D2]: Perfekte Lage in der Nähe des Stephansdoms – viele Highlights in Laufweite. *EZ 75 Euro, DZ 105 Euro, inkl. Frühstück jew. ab 2 Übernachtungen | 22 Zi. | Singerstr. 7/1. Stiege | Tel. 5 12 10 65 | mind. einen Monat vorab reservieren | www.deutscher-orden.at | U1, 3 Stephansplatz | 1. Bezirk*

den Stephansdom – für absolut leistbares Geld? Ja, das geht. Die City Pension Stephansplatz lockt Budget-Touristen mit einem unschlagbaren Preis-Leistungsverhältnis. *EZ/DZ ab 76 Euro | 21 Zi. | Bauernmarkt 10 | Tel. 5 33 95 21 | www.citypension.at | U 1, 3 Stephansplatz | 1. Bezirk*

DR. GEISSLER [133 E1]

Gepflegter und kostengünstiger zugleich lässt es sich drei Gehminuten vom Stephansdom entfernt schwerlich übernachten. Das 60er-Jahre-Ambiente ist nicht eben auserlesen, dafür die Atmosphäre sehr familiär. Es gibt ein reichhaltiges Frühstücksbuffet und tagsüber Roomservice mit Getränken und Imbissen. Erfahrene Rezeptionisten sorgen im achten Stock rund um die Uhr für das Wohl der Gäste. *EZ mit Dusche und WC ab 50, ohne ab 40 Euro, DZ mit Dusche und WC auf dem Zimmer ab 60, ohne ab 45 Euro | 23 Zi. | Postgasse 14 | Tel. 5 33 28 03 | www.hotelpension. at | U 1, 4 und Flughafenbus Schwedenplatz | 1. Bezirk*

HARGITA [142 B5]

Insider Tipp

Unprätentiös, aber einwandfrei ausgestattete und sehr freundlich geführte Zwei-Sterne-Pension. Die Zimmer haben teilweise nur Etagendusche und WC auf dem Flur. *EZ ab 35 Euro, DZ ab 48 Euro | 19 Zi. | Andreasgasse 1 | Tel. 5 26 19 28 | www.hargita.at | U 3 Zieglergasse | 7. Bezirk*

HOTEL PENSION BOSCH [150 B2]

Wenige Gehminuten vom Botanischen Garten und der Parkanlage des Schloss Belvedere entfernt liegt dieses individuell und ästhetisch eingerichtete Pensionshotel in einem Jungendstilhaus aus dem 19. Jh. Die Zimmer sind ausschließlich Nichtraucherzimmer. Einen kostenlosen Stadtplan erhalten Sie an der Rezeption, WLAN und Lobbycomputer sind frei benutzbar. Das Frühstücksbuffet ist im Preis eingeschlossen. *EZ mit Dusche ohne WC 53, mit WC 60 Euro, DZ mit Dusche ohne WC 83, mit WC 93 Euro | Keilgasse 13 | Tel. 7 98 61 79 | www.hotelpensionbosch. com | Straßenbahn O, 71 und S-Bahn Rennweg | 3. Bezirk*

NEUER MARKT [133 D3]

Eine gepflegte Vier-Sterne-Pension mit erfreulich moderaten Preisen, untergebracht im zweiten Geschoss ei-

nes prachtvollen Stadthauses, nur eine Gehminute vom Stephansdom entfernt. Der Blick schweift von den typisch wienerisch möblierten Zimmern über den Stephansplatz mit dem prächtigen, hochbarocken Donnerbrunnen bis zum Eingang der berühmten Kapuzinergruft. Einige mit Bad oder Dusche, aber ohne WC versehene Doppelzimmer sind schon ab 68 Euro, die gut ausgestatteten ab 102 Euro zu haben. *37 Zi. | Seilergasse 9 | Tel. 5 12 23 16 | www.hotelpension.at | U3 Stephansplatz | 1. Bezirk*

ROOMZ [151 F3]

Funktionelle Schlichtheit und coole Farbgebung in Braun, Blau, Rosa und Grün: Dieses von Flughafen und City gleich schnell erreichbare Budget Design Hotel verströmt jugendlichen Schick, ist komfortabel ausgestattet und engagiert geführt. Unmittelbar benachbart: Erholungsgebiet Prater und Szene-Hotspot Gasometer. Zusatzplus: das À-la-carte-Restaurant Atelier mit 24-Stunden-Bar im Haus und 🐷 ein kostenlos benutzbarer Fitnessraum (tgl. 6–22 Uhr). *EZ ab 62 Euro, DZ ab 72 Euro | 152 Zi. | Paragonstr. 1 | Tel. 7 43 17 77 | www.roomzhotelvienna.com | U3 Gasometer | 11. Bezirk*

SAISONHOTELS

Diese Hotels sind eine österreichische Spezialität: Sie haben meist nur im Sommer geöffnet.

ALL YOU NEED [143 D5]

Preiswert muss nicht billig bedeuten: Den besten Beweis dafür liefern die beiden Drei-Sterne-Häuser All You Need Vienna4 und Vienna2. Sie sind schick gestylt, bieten gehobenen Komfort und ein reichhaltiges Frühstück. Hinzu kommt in beiden Fällen die zentrale Lage zu Naschmarkt bzw. Donaukanal. *Juli–Sept. | beide: EZ ab 50 Euro, DZ ab 65 Euro (10 Prozent Studentenrabatt) | All You Need Vienna4, beim Naschmarkt: 99 Zi. | Schäffergasse 2 | U4 Kettenbrückengasse, Straßenbahn 1, 62 Mayerhofgasse | 4. Bezirk; All You Need Vienna2* [139 E5]*, am Donaukanal: 122 Zi. | Große Schiffgasse 12 | U2 Taborstraße | 2. Bezirk | Tel. 5 01 14 | www.allyouneedhotels.at*

SOMMER HOTEL WIEDEN   [149 E3]

Verkehrsgünstig an der U 1 platziert, in Gehdistanz zum Belvedere. Freundlich und, gemessen an der Lage, sehr preisgünstig. *Juli–Sept. | EZ ab 57 Euro, DZ ab 72 Euro | 115 Zi. | Schelleingasse 36 | Tel. 5 76 66 76 | www.rosenhotel.at | U 1 Südtirolerplatz | 4. Bezirk*

STUDENTENZIMMER

PORZELLANEUM   [139 D4]

Sympathisches Studentenheim, das sich im Sommer in ein Touristenquartier verwandelt. Fernseh- und Aufenthaltsraum, begrünter Innenhof, Waschmaschine, Internet gegen Gebühr. *Juli–Sept. | EZ 30 Euro, DZ bzw. Mehrbettzi. 56 bzw. 100 Euro |*

51 Zi. | Porzellangasse 30 | Tel. 3 17 72 82 | www.porzellaneum.sth. ac.at | Straßenbahn D Bauernfeldplatz | 9. Bezirk

SCHWARZES BRETT

Nicht wenige Studierende verlassen in den Sommermonaten Wien, um die Ferien bei den Eltern oder im Ausland zu verbringen. Das ist die Chance für gewitzte Budget-Touristen, eine billige Absteige zu ergattern. Ein Lockruf auf dem virtuellen schwarzen Brett der Hochschülerschaft lohnt sich: Viele suchen für ein paar Tage oder Wochen einen unkomplizierten Zwischenmieter für ihre Wohnung – um sich das eigene Urlaubsbudget aufzufetten. *schwarzesbrett.oeh.ac.at/wohnen*

STUDENTENWOHNEN   [151 F3]

In den Sommermonaten werden viele Zimmer in den Studentenheimen an Gäste vermietet. Vor allem Jugendliche auf der Suche nach einer billigen Unterkunft haben gute Chancen, einen Sommerplatz zu ergattern. *Di, Fr 9–12, Mo, Mi/Do 14–16 Uhr | Guglgasse 8, Gasometer B | Tel. 9 13 69 74 | www.studentenwohnen. at | U3 Gasometer | 11. Bezirk*

KAISERHOF [149 D4]

Im späten 19. Jh. galt der Kaiserhof in der Innenstadt als modernstes Hotel Wiens: mit elektrischem Lift, fließendem Wasser und Zentralheizung. Alles was in der K.-u.-k.-Monarchie Rang und Namen hatte, stieg dort ab: Künstler, Geschäftsleute, Politiker aus allen Teilen des Reiches, die es in die Metropole an der Donau verschlagen hatte. Heute ist das Gebäude mit der eleganten Fassade ein charmantes Vier-Sterne-Hotel für die gehobene Mittelklasse, die bei ihrem Wien-Aufenthalt einen Hauch von Habsburger-Nostalgie zu schätzen weiß. Dabei sind die Preise durchaus bürgerliche, sprich: leistbar. Einzelzimmer sind bereits ab 89 Euro verfügbar – wenn man rechtzeitig bucht und vorab bezahlt. *EZ ab 89, DZ ab 129 Euro | 74 Zi. | Frankenberggasse 10 | Tel. 5 05 17 01 | www.wien.hotel-kaiserhof.at | U1, 2, 4 Karlsplatz | 1. Bezirk*

HOTEL BRISTOL [133 D4]

Das Fin-de-Siècle-Hotel punktet nicht nur mit viel Marmor und Gold, Samt und Seide, sondern auch mit einer Gästeliste voller Namen der Hoch- und Kulturaristokratie. Dazu eine entsprechend herrschaftliche Lage gegenüber der Staatsoper, Leonard Bernstein und Herbert von Karajan zählten einst zu den Stammgästen. Während des Opernballs trifft man auch Prominente der heutigen Zeit. Das Hotelrestaurant Korso gehört mit seiner kosmopolitisch-kreativen Küche zu den feinsten des Landes. Bei Buchungen im Voraus kann es bis zu 30 Prozent Ermäßigung auf den regulären Preis von knapp 300 Euro fürs DZ geben, abhängig von der Aufenthaltsdauer. *140 Zi. | Kärntner Ring 1 | Tel. 51 51 60 | www.bristolwien.at | U1, 2, 4 Karlsplatz | 1. Bezirk*

THE LEVANTE PARLIAMENT [132 A2]

Hightech-Ausstattung und moderne, geradlinige Architektur mit edlen Materialien gewährleisten hier Komfort und Ästhetik auf Fünf-Sterne-Niveau. Auch Kunst gehört zum Konzept, wie die Objekte des rumänischen Glaskünstlers Ioan Nemtoi, der auch Bar und Restaurant gestaltet hat. Das viele Glas und die raffinierte, indirekte Beleuchtung

LUXUS LOW BUDGET

sorgen für lichte Atmosphäre, ein Fitnesscenter gibt es und zum Entspannen nach einem trubeligen Wien-Tag einen Garten im Innenhof. Die meisten Zimmer gehen zum Innenhof hinaus. Oftmals Angebote: Bei Vorauszahlung 30 Tage vor Anreise sparen Sie z. B. 20 Prozent. *EZ ab 85 Euro, DZ ab 99 | 70 Zi. | Auerspergstr. 9 | Tel. 22 82 80 | www.thelevante.com | U2, Straßenbahn 2 Rathaus | 8. Bezirk*

TRIEST [143 E5]
Wer etwas Glück hat, kann ein Zimmer in diesem schicken Hotel zum Schnäppchenpreis ergattern: Ein luxuriöses Doppelzimmer mit Kingsize-Bett, Minibar und eigenem Apple iMac ist bereits ab 125 Euro zu haben. Früher befand sich hier eine Postkutschenstation, doch daran erinnert nichts mehr nach der Umwandlung in ein Designhotel von Stardesigner Sir Terence Conran. Lichtdurchflutetes Ambiente mit hellen Paravents und edlen Klassikern von Arne Jacobsen bis Philippe Starck dominieren die Optik. Einige Zimmer bieten von der Terrasse aus einen Blick über die Stadt,

doch am schönsten ist die Aussicht aus der Stephansdom-Suite. *72 Zi. | Wiedner Hauptstr. 12 | Tel. 58 91 86 54 | www.dastriest.at | U 1, 2, 4 Karlsplatz | 4. Bezirk*

VIENNART [132 A4]
Kunstliebhaber freuen sich hier nicht nur über die Nähe zum Kunsthistorischen Museum und zum Museumsquartier – und um bis zu 70 Prozent reduzierte Preise in der Nebensaison. Auch das Vier-Sterne-Haus selbst zeigt sich musisch: In der Lobby und im Frühstücksraum werden regelmäßig Werke von Nachwuchskünstlern präsentiert, das glasgedeckte Atrium schmückt die Dauerinstallation „Wand der Initiation". Die Ausstattung ist ebenso tadellos wie das Buffetfrühstück und die Betreuung. Und das ist gar nicht so teuer: Bei Direktbuchung gibt es Einzelzimmer mit kostenlos bereitgestellten alkoholfreien Getränken bereits ab 81 Euro, Doppelzimmer ab 99 Euro pro Nacht. *56 Zi. | Breite Gasse 9 | Tel. 5 23 13 45 | www.austrotel.at | U2, 3 Volkstheater | 7. Bezirk*

> Kinder erleben Wien als Forscher, Künstler, Kreative. Wie gut, dass die besten Abenteuer oft nichts kosten

Kleine Gäste haben in Wien jede Menge zu tun – sie stauen einen kleinen Fluss auf der Robinson-Insel, bis fürs Wasser kaum noch ein Durchkommen ist, erkunden, was hinter der Spiegelwand steckt, und spielen Feuerwehrleute. Gibt's vielleicht irgendwo ein klitzekleines Feuer zu löschen? Danach gehen sie ins Museum – um zu malen wie die großen Künstler.

In diesem Kapitel stellen wir lauter Aktivitäten vor, die Kindern Spaß machen und gleichzeitig das Reisebudget nicht allzu sehr belasten. In Wien kann man als Familie viel erleben, es gibt sogar jede Menge toller,

abwechslungsreicher Attraktionen, die gar nichts kosten: den Spielplatz im Pötzleiner Park z. B., dessen Wasserfall im Sommer viel Spaß und nasse Klamotten garantiert, das Feuerwehrmuseum mit seinem Oldtimer-Löschfahrzeug oder der Botanische Garten, in dem allerlei Exotisches wächst.

In Österreich haben übrigens Kinder und Jugendliche bis zum 19. Lebensjahr freien Eintritt in alle Bundesmuseen. Das ist stark! Mit unseren Tipps lernen Sie Wien von einer ganz neuen Seite kennen – als kinderfreundliche Stadt, in der es viel zu erforschen gibt.

MIT KINDERN

MUSEEN

ALBERTINA [132 C3]

Malen wie die ganz Großen: Für Kinder ab sechs organisiert das Museumsteam mehrmals im Monat spannende und künstlerische Atelier-Workshops. Dabei bekommen die Kleinen spielerisch Leben und Werk großer Künstler nähergebracht. Im Anschluss können sie sich an diversen Mal- und Bastelstationen in den Ateliers selbst kreativ betätigen. 🐷 An allen Tagen warten für Kinder an der Kasse Gratis-Unterlagen für eine Rätselrallye in Eigenregie. Das Palais, in dessen Kellern die weltweit größte Sammlung grafischer Werke lagert, wurde vor wenigen Jahren auf Hochglanz renoviert und lockt seither mit Kunstausstellungen von internationalem Top-Format Besuchermassen an. *Erw. 12,90 Euro, Kinder und Jugendliche frei; Atelierbeitrag 21 Euro, Anmeldung und Arbeitskleidung erforderlich | tgl. 10–18, Mi 10–21 Uhr | Albertinaplatz 1 | Tel. 53 48 30 | www.albertina.at | U 1, 2, 4 Karlsplatz | 1. Bezirk*

FEUERWEHRMUSEUM 🐷 [132 C1]

Natürlich besonders toll für Kinder, die gerade im Feuerwehr-Fieber sind, aber auch für alle anderen spannend: In der Wiener Zentralfeuerwacht kann man erfahren, wie das Löschhandwerk funktioniert. Klar, dass auch jede Menge alte Helme und Uniformen sowie Gerätschaften ausgestellt sind. Top-Attraktion: ein auf Hochglanz renovierter Feuerwehr-

Im Technischen Museum schweben die Besucher in einer Seilbahn durchs Gebäude

Oldtimer aus dem Jahr 1912. *Eintritt frei | So, Fei 9–12, Di 14–17 Uhr | Am Hof 7 | Tel. 53 19 95 15 07 | U3 Herrengasse | 1. Bezirk*

MUSEUM FÜR ANGEWANDTE KUNST (MAK) [133 F2]

Die gute Nachricht für Erwachsene: Dienstags von 18 bis 22 Uhr kostet ein Ticket fürs Museum für Angewandte Kunst (MAK) nur 5 statt 12 Euro. Die noch bessere Nachricht für alle Eltern: Kinder und Jugendliche unter 19 Jahren zahlen an keinem Tag Eintritt. Und die beste Nachricht: Damit sich die Kleinen nicht langweilen, bietet das renommierte Museum immer wieder eine Vielzahl an speziellen MINI-MAK-Kinderprogrammen, bei denen schon Kids ab vier Jahren Künstlerluft schnuppern und kreativ experimentieren können – und das natürlich altersgemäß von Profis angeleitet. Dafür fallen in der Regel kleinere Kostenbeiträge zwischen 3,50 und 5 Euro an, erwachsene Be-

Inside Tipp

gleitpersonen zahlen nur einen redu-zierten Ticketpreis. *Di 18–22 Uhr 5 Euro, sonst 12 Euro, Familienkarte 15 Euro | Di 10–22, Mi–So 10–18 Uhr | Mini-MAK-Programme laut Webseite | Stubenring 5 | Tel. 71 13 60 | www.mak.at | U 3, Straßen-bahn 2 Stubentor, U 4 Landstraße | 1. Bezirk*

NATURHISTORISCHES MUSEUM [132 B3]

Der Museumspalast an der Ring-straße ist mit seinen riesigen Saurier-skeletten ein Publikumsmagnet erster Güte, gerade für junge Leute, die keinen Eintritt zahlen müssen (bis 19 Jahre). Speziell für sie gibt es Füh-rungen (*für 3- bis 6-Jährige jeden letzten Sonntag im Monat ab 16 Uhr, für alle ab 6 J. samstags ab 14, an Sonntagen und schulfreien Tagen ab 10 und 14 Uhr, Führungsticket: 3 Euro*). Ein Hit für Jung und Alt ist das Mikrotheater, in dem mit Hilfe von Mikroskopen und Videokameras lebende Kleinorganismen in Groß-projektionen live auf der Kinolein-wand zu sehen sind. *Erw. 10 Euro, Kinder und Jugendliche freier Eintritt | Do–Mo 9–18.30, Mi 9–21 Uhr, digitales Planetarium bis 19 J. 3 Euro, sonst 5 Euro | Sa/So jew. 13.30, 14.30 und 16.30 Uhr | Burgring 7 | Tel. 5 21 77 | www.nhm-wien.ac.at | U3 Volkstheater, Straßenbahn D, 1, 2 Dr.-Karl-Renner-Ring | 1. Bezirk*

TECHNISCHES MUSEUM [147 D2]

Dieses traditionsreiche Haus ist mit seinen Dampflokomotiven, Robo-tern, Musikinstrumenten, Flugzeu-gen, Rennautos und dem Schauberg-werk allein aufregend genug. Beson-deren Spaß versprechen zudem die wechselnden Dauerausstellungen mit interaktiven Experimentierstationen, wo man alles anfassen darf. Speziell für Zwei- bis Sechsjährige wurde

CLEVER!

> **Generell freien Eintritt**

Kinder und Jugendliche haben bis zum 19. Geburtstag generell freien Eintritt in sämtlichen **Bundesmuseen Öster-reichs.** Das schont das Reisebudget von Familien mit Kindern natürlich sehr. In Wien betrifft dies u. a. fol-gende Museen: Albertina, Belvedere, das Kunst- und das Naturhistorische Museum, das MUMOK, das MAK und die Nationalbibliothek.

das „Mini" entwickelt, ein kunterbunter Erlebnisbereich für den spielerischen Erstkontakt mit dem Thema Technik. Im „Mini mobil" dürfen Flug- Schiff- und Autoverkehr auf Mitmach-Parcours erkundet werden (2–8 J.). Unter *www.technischesmuseum.at/raetselrallye/rallyegenerator* können Sie 🐷 **kostenlos Ihre Rätselrallye fürs Museum zusammenstellen.** 🐷 *Kinder und Jugendliche bis 19 J. Eintritt frei, Erwachsene 13 Euro | Mo–Fr 9–18, Sa/So 10–18 Uhr | Mariahilfer Str. 212 | Tel. 8 99 98 | www.tmw.at | Straßenbahn 52, 58 Penzingerstraße | 14. Bezirk*

Insider Tipp

NATUR & TIERE ·

BOTANISCHER GARTEN 🐷 [150 A1–2]
Toll, dass man sich hier nach Herzenslust verstecken kann, aber allein so mitten im Bambuswald ist es doch etwas sehr dschungelig! Der Botanische Garten mit seinen rund 1500 Pflanzen und über 600 Arten und Sorten macht auch Kindern Spaß, und der Eintritt ist umsonst. Neben heimischen Gewächsen gibt es dort nämlich auch Fremdartiges zu bewundern: Nadelgehölze, die bei uns nicht wachsen, etwa oder die Lotusblume im 300 m² großen Teich. *Eintritt frei | tgl. 10–18, im Winter (außer Weihnachten/Neujahr) bis 15.30 oder 16 Uhr | Eingänge: Mechel-/Praetorius- oder Jacquingasse | Straßenbahn D, O und 71 | 3. Bezirk*

VIENNA KIDS FARM [0]
Urlaub auf dem Bauernhof – mitten in der Stadt: Die Vienna Kids Farm ist eine Landwirtschaft, die auf die Wünsche der Kleinsten ausgerichtet ist: mit Indianertipi, Schafen, Hasen und Pferden zum Streicheln sowie Obstbäumen zum Herumtollen. Dazu Ponyreiten, einen Ausflug ins nahe Naturschutzgebiet Lobau oder gemeinsames Würstelgrillen mit selbst gepflücktem Gemüse. Fazit: großes Abenteuer für kleines Geld! *Eintritt 2,50 Euro, Kinder bis 6 J. 1,50 Euro | März–Okt. Mi–So, Fei 10–19 Uhr | Fuchshäufelgasse 1 | Tel. 0699 11 03 06 28 | www.viennakidsfarm.at | Bus 93A, 95B Großer Biberhaufen | 22. Bezirk*

Insider Tipp

SPIELEN & FORSCHEN

BOGI PARK [0]
Wer am frühen Abend kommt, spart 40 Prozent des Eintrittspreises: Österreichs größter Indoor-Spielplatz

ist ein 5000 m² großes, kunterbuntes Wunderland. Kinder von eins bis zwölf können in den Bällesee tauchen, auf Kletterwand und -vulkan kraxeln, Brabbel-Park, Krabbelwiese und Hüpfburg ausprobieren, Labyrinth und Zauberhöhle erkunden, laufen, springen, rutschen und bei alldem nach Herzenslust laut sein. Das entspannt auch die gestressten Eltern. *Preise nach Alter gestaffelt: Tagesticket 1–3 J. 4,50 Euro, 3–16 J. 9,50 Euro, Begleitpersonen 3,80 Euro, um ca. 40 Prozent erm. Abendtickets ab 17 Uhr | tgl. 10–19 Uhr | Gutheil-Schoder-Gasse 17 | Tel. 2300000 | www.bogipark.at | U6 Am Schöpfwerk | 23. Bezirk*

FAMILY FUN [0]

Hüpfen, klettern, Trampolin springen, ab 17 Uhr zum supergünstigen Abendtarif: Hier, im Nordosten Wiens, warten auf Ein- bis Zwölfjährige drinnen und draußen Hüpfburgen, Riesenrutschen, Trampoline, Kletterlabyrinth, Softberg, Kino, Bumper-Boote und Kleinkinderbereich. Für die Eltern gibt es einen Relaxraum und Gastronomie. *Kinder 1–3 J. 3,40, 3–16 J. 9,80, Erw. 3,50 Euro, Abendtickets ab 17 Uhr ca. 40 Prozent günstiger | Mo–Fr 13–19, Sa/So 9–19 Uhr | Breitenleerstr. 77 | Tel. 2367070 | www.familyfun.at | U1 Kagraner Platz, ab da Bus 24A bis Ludwig-Reindl-Gasse | 22. Bezirk*

CLEVER!

> **Anfassen erlaubt: Besuch im Streichelzoo**

Es muss nicht immer der richtige, große Zoo sein. Auch anderswo begegnen Sie Tieren, meist heimischen, können sie teilweise sogar streicheln und sparen sich den Eintritt: **Pötzleinsdorfer Schlosspark** [0]: *tgl. 7 Uhr bis Dunkelheit | Pötzleinsdorfer Straße, Ecke Geymüllergasse | Straßenbahn 41 Pötzleinsdorf | 18. Bezirk;* **Kurpark Oberlaa**

[0]: *ganzjährig, gestaffelt 6–18, 19, 20, 21 o. 22 Uhr | Kurbadstraße | U1 Reumannplatz, ab da Bus 67A Kurpark Oberlaa | 10. Bezirk;* **Blumengärten Hirschstetten** [0]: *Ende März–Mitte Okt. Di–So 9–18 Uhr | Quadenstr. 15 | U2 Seestadt, ab da Bus 95A Blumengärten Hirschstetten | 22. Bezirk; alle Parks: Tel. 4000 80 42 | www.wien.gv.at*

LILIPUTBAHN PRATER [144 C1–145 E3]

20 Minuten Rundfahrt durch den berühmten Wiener Prater im Herzen der Stadt. In individuell gestalteten Minizügen geht es vom Prater Hauptbahnhof vorbei an den Hochschaubahnen des Vergnügungsparks Würstelprater und entlang der kastanienbaumgesäumten Prater Hauptallee hinein in eines der seit über 200 Jahren beliebtesten Naherholungs- und Vergnügungsgebiete Wiens. Seit 1928 laden die Dampf-, Diesel- und Elektroloks der Liliputbahn hier zu Rundfahrten ein. *Rundfahrt 4,50 Euro, Kinder 2,50 Euro | März–Anf. Nov. tgl. ab 10 Uhr, Betriebsschluss variabel | Tel. 7 26 82 36 | www.liliputbahn.com | U 1, 2, Straßenbahnen O, 5 sowie mehrere S-Bahnen und Regionalzüge Praterstern | 2. Bezirk*

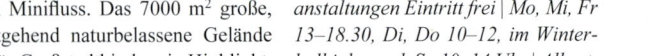 ROBINSON-INSEL [135 D1]

Schätze suchen, sich verstecken, am Lagerfeuer sitzen und Würstchen grillen: Die Robinson-Insel punktet nicht mit Spielgeräten, sondern mit Bäumen, Büschen, verborgenen Wegen und Lichtungen, ja sogar mit einem Minifluss. Das 7000 m² große, weitgehend naturbelassene Gelände ist für Großstadtkinder ein Highlight.

Toiletten und Trinkwasser sind vorhanden. Bei schlechtem Wetter gibt es im umfunktionierten Eisenbahnwaggon ein Spieleprogramm. *Eintritt frei, Spenden willkommen | April–Ende Okt., in den Ferien Mo–Fr 14–18, in der Schulzeit nur Mi, Sa/So 14–18 Uhr | Greinergasse 7 | Tel. 4 01 25 37 | www.wien.kinderfreunde.at | Straßenbahn D, 38 Grinzinger Straße | 19. Bezirk*

SPIELEBOX [142 B2]

Österreichs größte Spielothek birgt über 6000 Brett-, Geschicklichkeits- und Gesellschaftsspiele und bittet an ausgewählten Terminen große und kleine Leute zum gemeinsamen, kostenfreien Spielen in ihre Räumlichkeiten. Zweimal jährlich, in den Weihnachts- und den Semesterferien, lädt sie zudem in den Festsaal des Wiener Rathauses ein, der dann zur Mega-Spielzone wird, mit einer großen Auswahl an Brett- und elektronischen Spielen, Werkstätten für Spiele-Erfinder und einem Flohmarkt, bei dem Kinder gebrauchte Spiele (ver)kaufen können. *Bei Veranstaltungen Eintritt frei | Mo, Mi, Fr 13–18.30, Di, Do 10–12, im Winterhalbjahr auch Sa 10–14 Uhr | Albert-*

gasse 37 | Tel. 4 00 08 34 24 | www. spielebox.at | U 6 Alser Straße | Straßenbahn 43 Kinderspitalgasse und 2, 5, 33 Albertgasse | 8. Bezirk

WASSERSPIELPLATZ
DONAUINSEL  [141 E3]

Nach Herzenslust plantschen, in Pfützen springen und mit Wasser experimentieren, Bäche stauen und umleiten oder zum Kapitän eines eigenen Schiffes werden: Auf diesem 5000 m² großen Spielplatz, zu Füßen eines Windrades, können Kinder kostenlos und gefahrlos spielen – bis sie von Kopf bis Fuß nass sind. Unbedingt Ersatzkleidung mitnehmen! *Eintritt frei | Anfang Mai–Ende Sept. | Donauinsel, 400 m stromabwärts von der Reichsbrücke | Tel. 40 00 80 42 | U1 Donauinsel | 22. Bezirk*

WIENER EISTRAUM [132 A1]

Alle Winter wieder verwandelt sich der Platz vor dem Rathaus in eine zauberhafte Eislandschaft. Auf der synthetischen Eisfläche können Kinder und Jugendliche kostenlos erste Gehversuche auf Schlittschuhen unternehmen. Den kleinen Novizen stehen zehn „Pinguin"-Assistenten bei, die zeigen, wie's geht. Schlitt-

schuhverleih vorhanden, Gratis-Helme für Kinder. *Eintritt 7,50 Euro (ab 21.30 Uhr 2,50 Euro), Mo 17–18 Uhr gratis, für Kinder und Jugendliche immer frei | ca. Mitte Jan.–Anf. März tgl. 9–22 Uhr | Rathausplatz | Tel. 4 09 00 40 | www.wienereistraum. com | U2, Straßenbahnen 1, D, 2, 71 Rathaus | 1. Bezirk*

ZOOM KINDERMUSEUM [132 A4–B4]

Hier darf nach Lust und Laune gefragt, berührt, geforscht und gespielt werden. Die Kleinen erkunden in Ausstellungen und Workshops mit allen Sinnen die Welt. Sie „zoomen" sich an Objekte und Situationen he-

CLEVER!

> *Tipps aus dem Netz*

Bei **wienXtra-kinderinfo** erfährt man alles über Kindertheater, Feste, Partyschiffe, Ausflüge in die Natur u. v. m. *Di-Fr 14–18, Sa/So 10–17 Uhr | Am-Museumsplatz 1, Museumsquartier/ Hof 2 | Tel. 40 008 44 00 | www.kinder infowien.at | U2 Museumsquartier | 7. Bezirk.* Familienspezifische Tipps aller Art gibt's auch im Online-Magazin **Mamilade** (www.mamilade.at).

ran, sammeln spielerisch Eindrücke und Erfahrungen. Und: Sie dürfen alle Objekte ausprobieren. Im ZOOM Atelier wird mit Buntstift, Malpinsel, Knetmasse u. v. m. experimentiert (3–12 J.); im ZOOM Trickfilmstudio der Umgang mit Trickfilm, Sounds und Multimedia geprobt (8–14 J.). Der ZOOM Ozean ist ein auf Kinder zwischen acht Monaten und sechs Jahren abgestimmter Erlebnisbereich. *In allen Bereichen gelten feste Beginnzeiten (s. Website) | ZOOM Ausstellung:* 🐷 *Kinder Eintritt frei, Erw. 5 Euro, Atelier und Studio Kinder 6 Euro (im Atelier ein Erwachsener pro Kind, im Studio einer pro Familie oder Gruppe frei); ZOOM Ozean: 4 Euro pro Kind, je Kind ein Erw. frei, Familienkarte 15 Euro | MQ, Museumsplatz 1 | Tel. 5 24 79 08 | Reservierung empfohlen | www.kindermuseum.at | U 2, 3, Straßenbahn 49 Volkstheater | 7. Bezirk*

THEATER, KINO & LESUNG

CINEMAGIC [132 C5]

In dem Programmkino für Filmfans ab drei Jahren wird, vom Zeichentrickspaß bis hin zu preisgekrönten Kinder- und Jugendproduktionen alles gezeigt. Eigens für Kleinkinder wurde das Bilderbuch-Kino mit Erzähler und Livemusik erfunden, für Jugendliche ab 13 Jahren das Format movieZ entwickelt. Jährliche Highlights: das Kinderfilmfestival (November) und GAFFA, das Filmfestival für junge Leute (Oktober). *Tickets 4 Euro | Uraniastr. 1 | Tel. 4 00 08 34 00 | www.cinemagic.at | U 1, 4 Schwedenplatz, Straßenbahnen 1, 2, O Julius-Raab-Straße bzw. Hintere Zollamtstraße | 1. Bezirk*

DSCHUNGEL WIEN 🐷 [132 A3]

Theaterbesuche sind langweilig? Nicht, wenn die Kids selbst mitmachen. Kostenlos! Im Dschungel Wien zahlen weder Eltern noch Kinder einen Cent. Das Kindertheater ist eine der Attraktionen des Museumsquartiers. Es deckt alle Formen der darstellenden Kunst ab: vom Schauspiel über Sprech- und Musiktheater bis zum Tanztheater. Alles in altersgerechter Aufbereitung. Highlight: das „Theater für die Allerkleinsten" für Kinder ab zwei Jahren. Damit die Erwachsenen nicht zu kurz kommen, gibt es ein Café, in dem Mama und Papa Kaffee trinken können, während sich die Kids an der Kinder-Pasta zu schaffen machen. *Eintritt frei | Mo–Fr 16–18 Uhr | Museums-quartier, Museumsplatz 1 | Tel. 5 22 07 20 20 | www.dschungelwien. at | U 2 Museumsquartier | 7. Bezirk*

LESOFANTENFEST 🐷 [142 A4]

Fast drei Wochen lang bieten Wiens städtische Büchereien im November an über zwei Dutzend Veranstaltungsorten viele spannende Events – Clown- und Puppentheater, Lesun-gen, Konzerte, Filme, Spiele und Workshops, dazu gibt es eine **Abenteuernacht im Bücher-Dschungel** und die Kinder-Kurier-Zeitungswerkstatt. *Eintritt frei | ab 3 J. | Anmeldung und Tickets ab Ende Okt. | u. a. Hauptbücherei, Urban-Loritz-Platz 2A, Am Gürtel | Tel. 4 00 08 45 00 | www.buechereien.wien.at | U 6 Burggasse/Stadthalle, Straßenbahn 49, Urban-Loritz-Platz | 7. Bezirk*

Insider Tipp

„Jeder Mensch ist ein Künstler" ist die Devise im ZOOM Kindermuseum

KARTENLEGENDE

Autobahn / Motorway	Autoroute / Autosnelweg
Vierspurige Straße / Road with four lanes	Route à quatre voies / Weg met vier rijstroken
Durchgangsstraße / Thoroughfare	Route de transit / Weg voor doorgaand verkeer
Hauptstraße / Main road	Route principale / Hoofdweg
Sonstige Straßen / Other roads	Autres routes / Overige wegen
Einbahnstraße / One-way street	Rue à sens unique / Straat met eenrichtingverkeer
Fußgängerzone / Pedestrian zone	Zone piétonne / Voetgangerszone
Information / Information	Information / Informatie
Hauptbahn mit Bahnhof / Main railway with station	Chemin de fer principal avec gare / Belangrijke spoorweg met station
Schnellbahn / Rapid transit railway	Train de banlieue rapid / Snelle lokaaltrein
Sonstige Bahn / Other railway	Autre ligne / Overige spoorweg
U-Bahn / Underground	Métro / Ondergrondse spoorweg
Straßenbahn - Regionalbuslinie / Tramway - Regional bus-route	Tramway - Ligne d'autobus régional / Tram - Regionaal buslijn
Flughafenbus / Airport bus	Bus d'aéroport / Vliegveldbus
Anlegestelle / Landing stage	Embarcadère / Aanlegplaats
Kirche - Sehenswerte Kirche / Church - Church of interest	Église - Église remarquable / Kerk - Bezienswaardige kerk
Polizeistation - Postamt / Police station - Post office	Poste de police - Bureau de poste / Politiebureau - Postkantoor
Krankenhaus - Denkmal / Hospital - Monument	Hôpital - Monument / Ziekenhuis - Monument
Jugendherberge / Youth hostel	Auberge de jeunesse / Jeugdherberg
Bebaute Fläche, öffentliches Gebäude / Built-up area, public building	Zone bâtie, bâtiment public / Bebouwing, openbaar gebouw
Industriegelände / Industrial area	Zone industrielle / Industrieterrein

CITYATLAS
WIEN

> Auf den Seiten 130/131 finden Sie eine *Übersichts-karte* mit den 10 wichtigsten Sehenswürdigkeiten.

> Eine *Umgebungskarte* vom Großraum Wien befindet sich auf den Seiten 152/153.

> Das *Straßenregister* (ab Seite 154) enthält eine Auswahl der im Cityatlas dargestellten Straßen und Plätze.

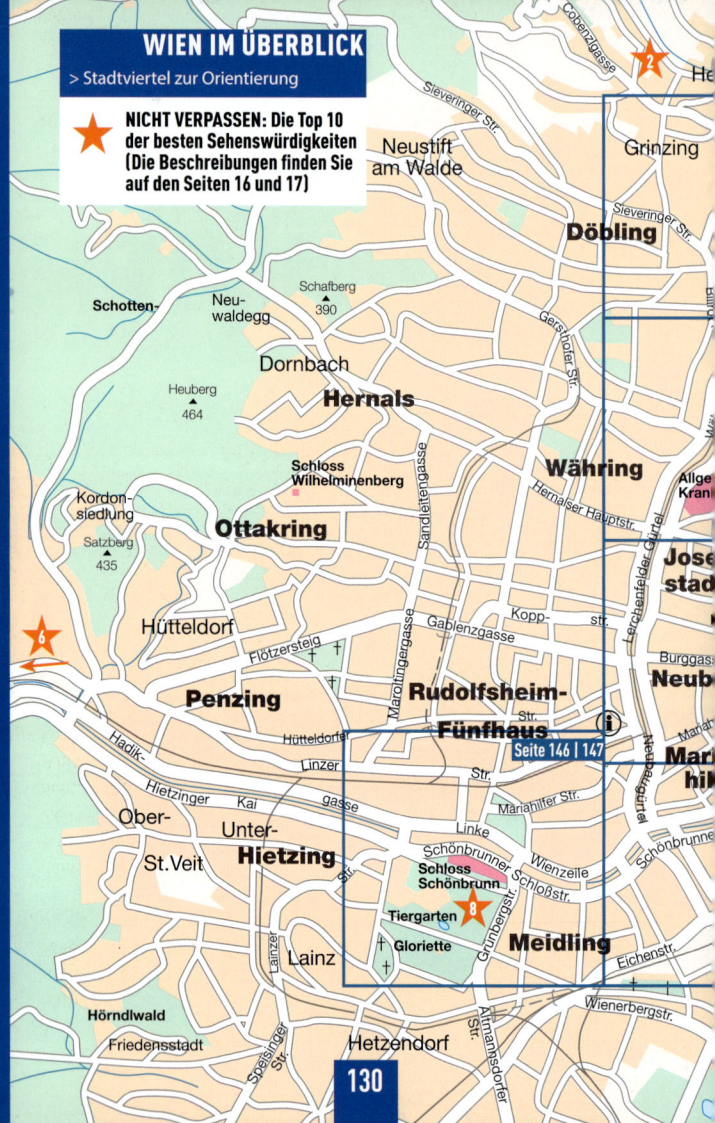

WIEN IM ÜBERBLICK

> Stadtviertel zur Orientierung

NICHT VERPASSEN: Die Top 10 der besten Sehenswürdigkeiten (Die Beschreibungen finden Sie auf den Seiten 16 und 17)

Cobenzlgasse

Sieveringer Str.

Grinzing

Neustift am Walde

Döbling

Sieveringer Str.

Gersthofer Str.

Schotten-

Neu-waldegg

Schafberg
390

Dornbach

Hernals

Heuberg
464

Währing

Allge Kran

Hernalser Hauptstr.

Schloss Wilhelminenberg

Lerchenfelder Gürtel

Kordon-siedlung

Ottakring

Sandleitengasse

Jose stad

Satzberg
435

Hütteldorf

Kopp-

str.

Burggas

Neub

Gablenzgasse

Marolingergasse

Penzing

Flötzersteig

Rudolfsheim-Fünfhaus

Str.

i

Mar hi

Hütteldorfer

Str.

Seite 146 | 147

Hadik-

Linzer

Hietzinger Kai

gasse

Mariahilfer Str.

Ober- St.Veit

Unter-

Linke

Wienzeile

Schönbrunner Schloßstr.

Schönbrunne

Hietzing

Schönbrunner

Schloss Schönbrunn

Grunbergstr.

Meidling

Lainzer

Tiergarten

Eichenstr.

Lainz

Gloriette

Altmannsdorfer Str.

Wienerbergstr.

Hörndlwald

Speisinger Str.

Friedensstadt

Hetzendorf

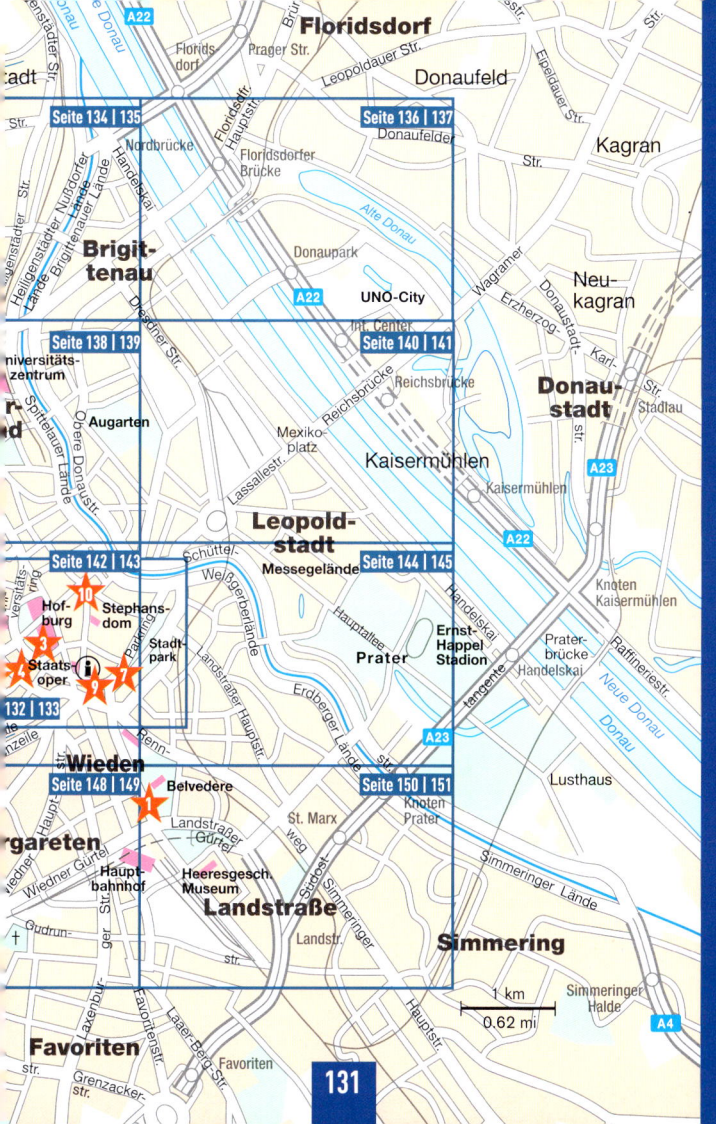

Floridsdorf

Donaufeld

Kagran

Seite 134 | 135

Seite 136 | 137

Nordbrücke

Floridsdorfer
Brücke

Donaufelder

Neu-
kagran

Brigit-
tenau

Donaupark

UNO-City

Seite 138 | 139

Seite 140 | 141

Donau-
stadt

niversitäts-
zentrum

Int. Center

Reichsbrücke

Stádlau

r-
d

Augarten

Mexiko-
platz

Kaisermühlen

Kaisermühlen

Leopold-
stadt

Seite 142 | 143

Seite 144 | 145

Messegelände

Knoten
Kaisermühlen

Hofburg

Stephans-
dom

Hauptallee

Ernst-
Happel
Stadion

Prater-
brücke

Stadt-
park

Prater

Handelskai

132 | 133

Staats-
oper

Lusthaus

Wieden

Seite 148 | 149

Belvedère

Seite 150 | 151

Knoten
Prater

gareten

St. Marx

Haupt-
bahnhof

Heeresgesch.
Museum

Landstraße

Simmering

Favoriten

Landstr.

Favoriten

1 km

0.62 mi

Simmeringer
Halde

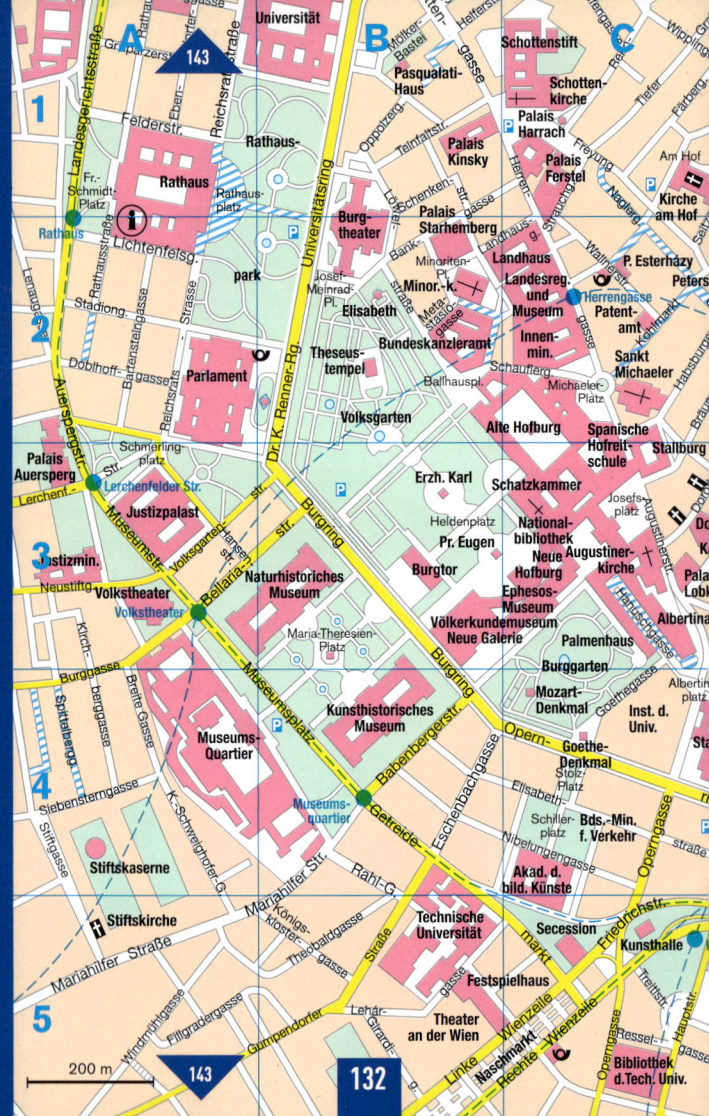

A
B
C

1

Universität

Landesgerichtsstraße

Gr. parzers str.

Reichsrats straße

Felderstr.

Schottenstift

Schotten-
kirche

Pasqualati-
Haus

Palais
Harrach

Palais
Kinsky

Palais
Ferstel

Freyung

Am Hof

Fr.-
Schmidt-
Platz

Rathaus-
platz

Rathaus

Rathaus-
platz

Lichtenfelsg.

Universitätsring

Burg-
theater

Palais
Starhemberg

Palais

Schenken-

Herrengasse

Kirche
am Hof

Rathaus

Josef-
Meinrad-
Pl.

Minor.-k.

Landhaus

P. Esterházy

Peters

2

park

Stadiong.

Bartensteingasse

Strasse

Elisabeth

Theseus-
tempel

Landesreg.
und
Museum

Patent-
amt

Herrengasse

Doblhoff-g.

Reichsrats

Parlament

Dr. K. Renner-Rg.

Bundeskanzieramt

Metastasio-
gasse

Innen-
min.

Sankt
Michaeler

Schauflerg.

Michaeler-
Platz

Volksgarten

Alte Hofburg

Spanische
Hofreit-
schule

Stallburg

Palais
Auersperg

Schmerling-
platz

Lerchenfelder Str.

Burgring

P

Erzh. Karl

Schatzkammer

Josefs-
platz

Lerchenf.-
Str.

Auerspergstr.

Justizpalast

Bellaria

Heldenplatz

National-
bibliothek

Augustiner-
kirche

3

Justizmin.

Museumstr.

Volksgartenstr.

Neustiftg.

Volkstheater

Volkstheater

Naturhistorisches
Museum

Burgring

Pr. Eugen

Burgtor

Neue
Hofburg

Ephesos-
Museum

Völkerkundemuseum
Neue Galerie

Palmenhaus

Albertina

Pala
Lobk

Burggarten

Albert
platz

Inst. d.
Univ.

Sta

Burggasse

Kirch

Spittelberggasse

Breite Gasse

Museumsplatz

Maria-Theresien-
Platz

Kunsthistorisches
Museum

Babenbergerstr.

Mozart-
Denkmal

Opern-

4

Siebensterngasse

Stiftgasse

K. Schweighofer-G.

Museums-
Quartier

Museums-
quartier

Getreide-

Eschenbachgasse

Goethegasse

Getreide-

Goethe-
Denkmal

Stolz-
platz

Ellsabeth

Schiller-
platz

Bds.-Min.
f. Verkehr

Opern-

Mariahilfer Str.

Rahl-G.

Nibelungengasse

Akad. d.
bild. Künste

Opergasse

straße

Stiftskaserne

Königs-
kloster-
gasse

Theobaldgasse

Technische
Universität

Secession

Friedrichstr.

Kunsthalle

5

Stiftskirche

Mariahilfer Straße

windmühlgasse

Fillgradergasse

Gumpendorfer

Lehár-G.

Girardi

Linke Wienzeile

Rechte Wienzeile

Theater
an der Wien

Naschmarkt

Wienzeile

Nawenzeile

Ressel-g.

Bibliothek
d.Tech. Univ.

Festspielhaus

200 m

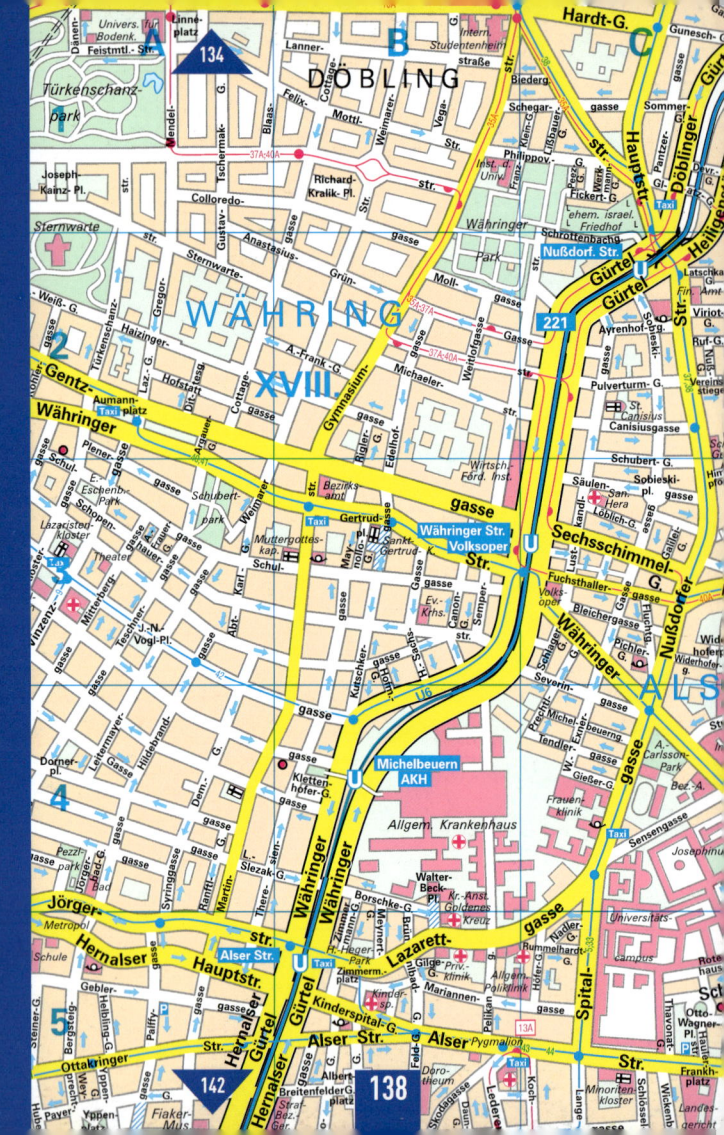

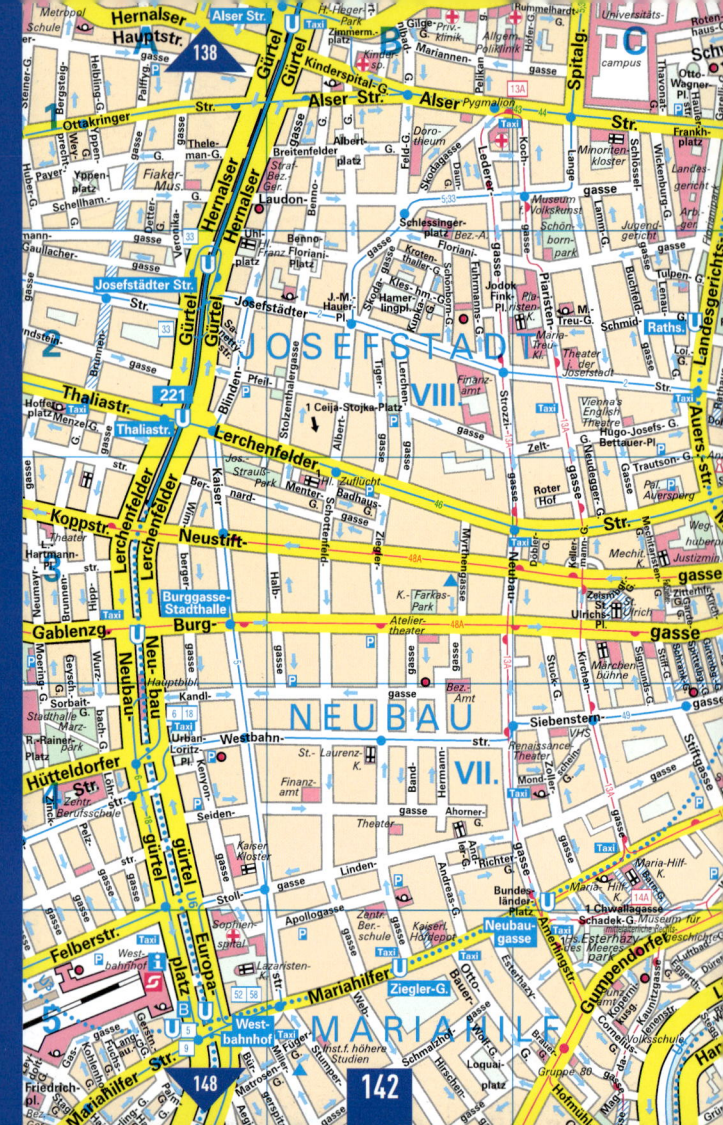

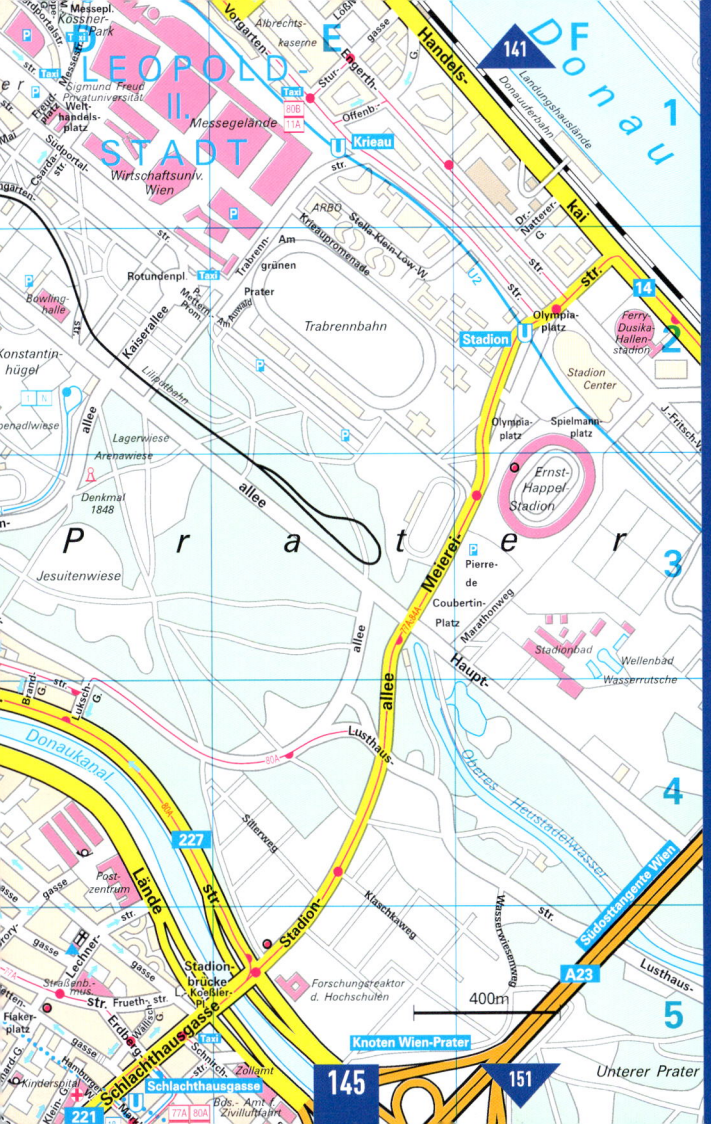

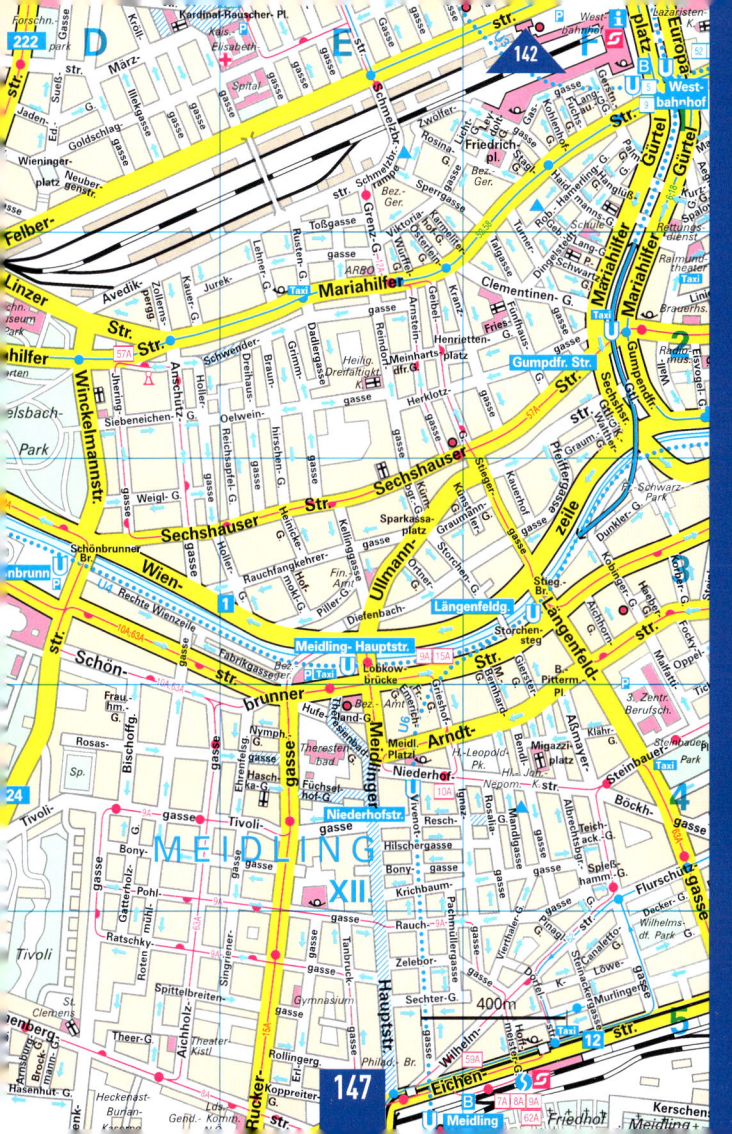

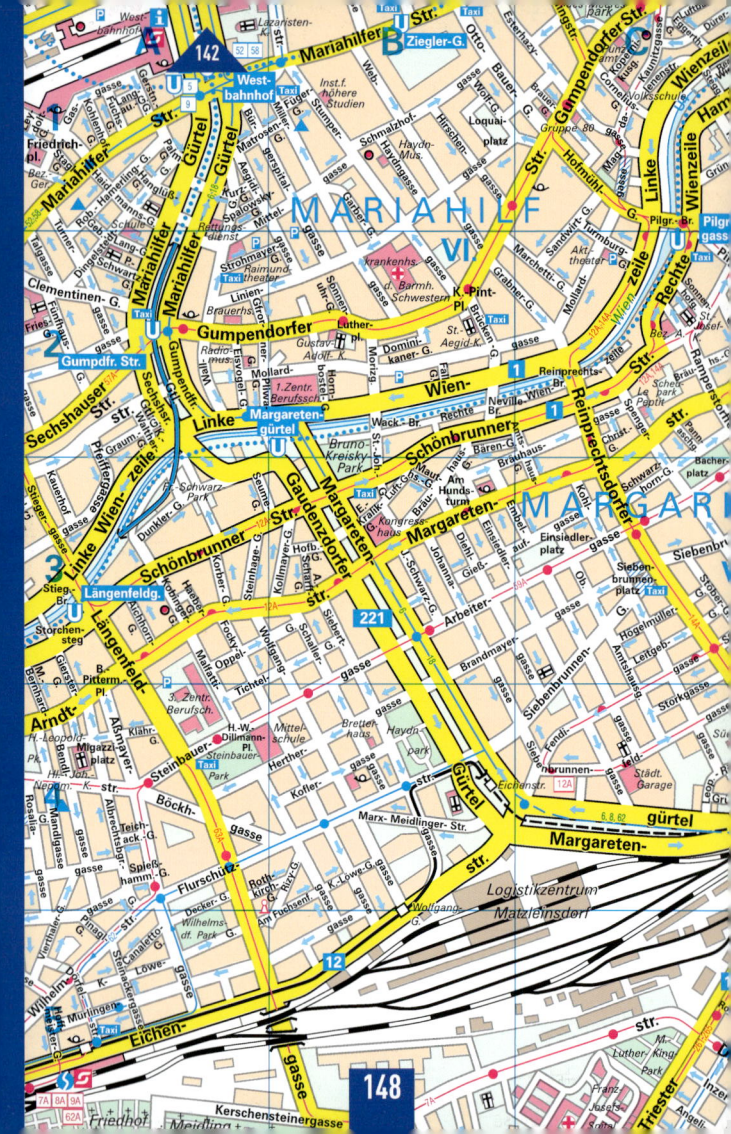

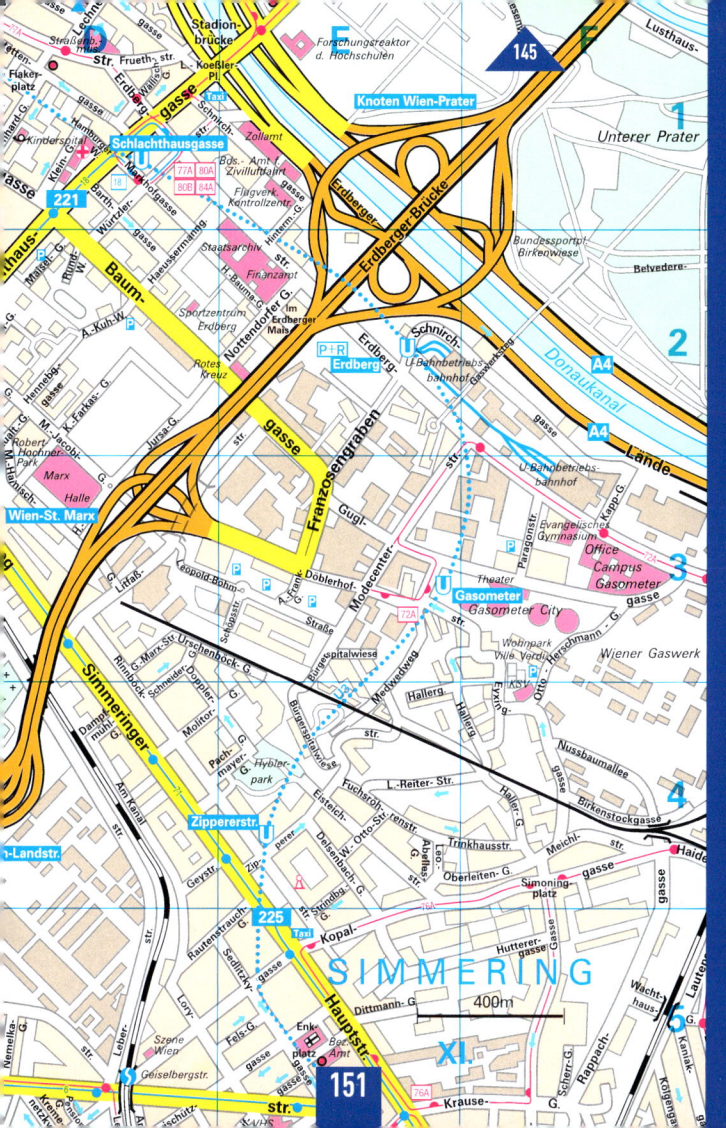

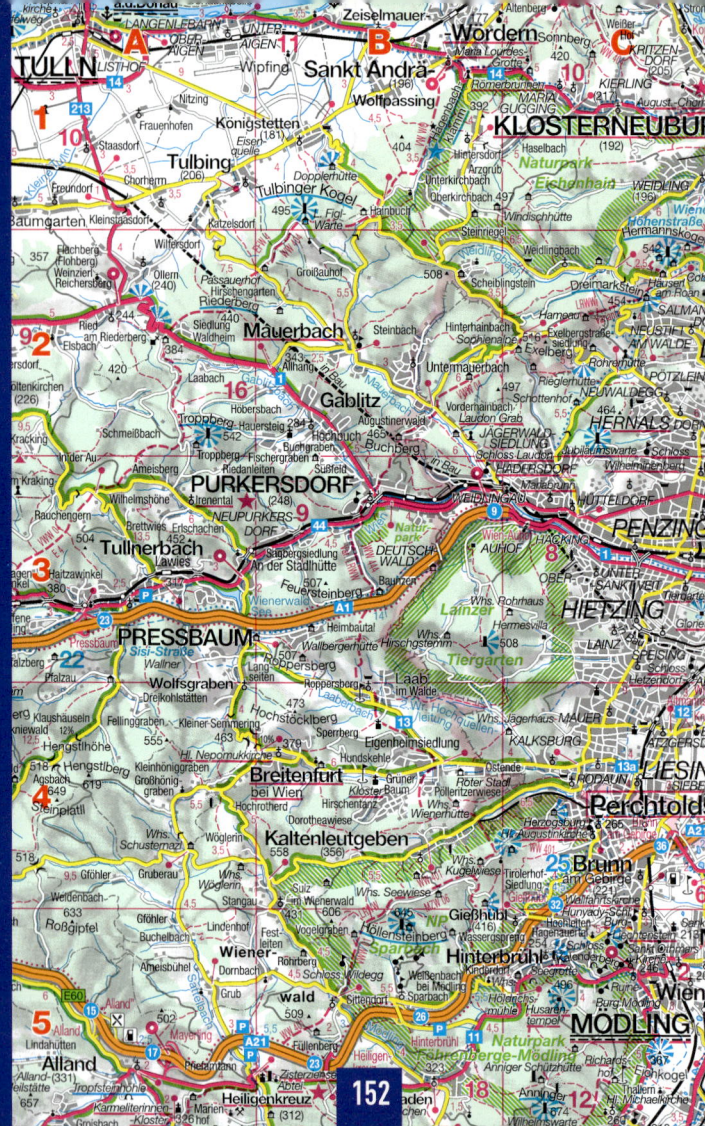

Das Register enthält eine Auswahl der im Cityatlas dargestellten Straßen und Plätze

STRASSENREGISTER

STRASSENREGISTER

STRASSENREGISTER

ABC

Im Register finden Sie alle beschriebenen Sehenswürdigkeiten, Museen und Ausflugsziele sowie Hotels, Restaurants, Bars und Shoppingtipps.

REGISTER

IMPRESSUM

SCHREIBEN SIE UNS!

> *Liebe Leserin, lieber Leser,*

wir setzen alles daran, Ihnen möglichst aktuelle Informationen mit auf die Reise zu geben. Dennoch schleichen sich manchmal Fehler ein – trotz gründlicher Recherche unserer Autoren/innen. Sie haben sicherlich Verständnis, dass der Verlag dafür keine Haftung übernehmen kann.

Wir freuen uns aber, wenn Sie uns schreiben.

Senden Sie Ihre Post an die
MARCO POLO Redaktion
MAIRDUMONT, Postfach 31 51
73751 Ostfildern
info@marcopolo.de

IMPRESSUM

Fotos: T. Anzenberger (8, 10, 21, 27, 33, 41, 45, 50, 61, 64, 70, 76, 83, 95, 105, 120, 127, 162); F. Gruber (55, 92, 98, 110); P. Hautzinger (87, 106); W. Rössler (1)

5., aktualisierte Auflage 2019
© MAIRDUMONT GmbH & Co. KG, Ostfildern
Gesamtredaktionelle Betreuung: derschönstesatz (Ronit Jariv), Köln
Lektorat und Satz: Lucia Rojas
Autoren: Wolfgang Rössler, Clara Gallistl, Diane Naar-Elphee, Walter M. Weiss
Kartografie Cityatlas: © MAIRDUMONT, Ostfildern
Gestaltung Cover: Michael Schipke, MAIRDUMONT; Innengestaltung: Katharina Kracker

MIX
Paper from
responsible sources
FSC® C015829

Bild: „Steffl" nennen die Wiener ihren Dom liebevoll

48 h

> Spaß haben und jede Menge sparen! Wir haben Ihnen zwei erlebnisreiche Tage aus dem Band zusammen- und vergleichbaren, „normalen" Aktivitäten gegenübergestellt

SA Mit dem 48-Stunden-Ticket der Wiener Linien (S. 9) fahren Sie zur Ringstraße. Dort steigen Sie in die Linie 1 um – für eine Sightseeing-Tour entlang der Ringstraße (S. 11). Danach geht's mit dem Kanu auf die Alte Donau, an idyllischen Ufern und Ausflugslokalen entlang (S. 42). Hunger? Essen Sie auf dem Rückweg in der Pizzeria Mafiosi eine knusprige Pizza (S. 68). Nachmittags spazieren Sie über den Naschmarkt (S. 65) und stöbern in den Vintage- und Jungdesignerläden im 4. und 6. Bezirk. Wer danach noch Lust hat, besucht das Glasmuseum bei Lobmeyr (S. 26). Kein Tag in Wien ohne Kaffeehaus: Günstig kehren Sie im Aida (S. 60) ein, etwa in der Filiale Wollzeile 28. Abends geht's ins Akademietheater (S. 31) und nach kurzer Stärkung an einem Würstelstand am Schwarzenbergplatz weiter zur DJ-Party im Schikaneder (S. 101). Anschließend wünschen wir eine gute Nacht im Hostel Hütteldorf (S. 109).

SO Ganz früh müssen Sie heute nicht aufstehen, aber doch rechtzeitig, um die Wiener Sängerknaben bei der Heiligen Messe in der Hofburgkapelle einmal live zu hören (S. 31). Zu Fuß geht's danach über den Karls- und den Schwarzenbergplatz auf einen Lunch, z. B. ins Salm Bräu (S. 57). Gestärkt? Hoffentlich, denn nun steht das Obere Belvedere (S. 16) auf dem Programm, und da müssen Sie einen Hügel hinauf. Der Blick von Prinz Eugens ehemaliger Sommerresidenz lohnt die Anstrengung! Bei einer vom Experten geleiteten Kuratorenführung bestaunen Sie anschließend wesentliche Exponate aktueller österreichischer bildender Kunst im 21er Haus (S. 24). Den Schlussakkord setzt an einem schönen Sommerabend in Wien große Oper, genossen Open Air via Leinwand auf dem Rathausplatz (S. 22). Dort lässt sich an zahlreichen, exotischen Imbissständen zwischendurch auch sehr angenehm der Hunger stillen.

LOW BUDGET WEEKEND

	LOW BUDGET		REGULÄR
SA			
48-Stunden-Ticket	14,10€	6 Einzelfahrten à 2,40	14,40€
Fahrt mit der Linie 1	🐷	Ringstraße mit Touristen-Tram	9,00€
Kanufahren auf der			
Alten Donau	10,00€	Donaurundfahrt	29,00€
Pizza mit Getränk in der		Pizza mit Getränk im	
Pizzeria Mafiosi	5,20€	Restaurant	11,00€
Naschmarkt und Glasmuseum	🐷	Leopoldsmuseum und Mumok	20,50€
Kaffee & Kuchen im Aida	4,50€	Kaffee/Kuchen im Traditionscafé	8,00€
Akademietheater – Stehplatz	3,50€	Akademietheater – Parkettplatz	61,00€
Snack beim Würstelstand	2,80€	Curry im Restaurant Indus	11,90€
DJ-Party im Schikaneder	🐷	DJ-Party im Renommierclub	12,00€
Schlafen im Hostel Hütteldorf	13,00€	EZ im 3-Sterne-Hotel	70,00€
SO			
48-Stunden-Ticket (s. o.)	🐷	7 Einzelfahrten	16,80€
Messe Hofburgkapelle mit			
Wiener Sängerknaben	🐷	Sängerknaben im Musikverein	54,00€
Mittagessen im Salm Bräu	7,90€	Mittagessen im Restaurant	12,00€
Stadtpanorama vom Oberen		Stadtpanorama vom	
Belvedere	🐷	Steffl-Südturm	5,00€
Kuratorenführung 21er Haus	🐷	Schatzkammer Hofburg	12,00€
Imbiss am Rathausplatz	5,00€	Abendessen im Beisl	12,00€
Opernfilmfestival Rathausplatz	🐷	Staatsoper – mittlerer Sitzplatz	87,00€
GESAMT	**66,00€**	**GESAMT**	**445,60€**

> GESPART   379,60€

48 h 👑

> Zwei Tage im Luxus schwelgen und dabei ordentlich sparen: Hier unser Programm für 48 Stunden Luxus Low Budget – und im Vergleich ein Wochenende zu regulären Preisen

SA Am besten starten Sie mit einer **Vienna City Card** – denn an unserem Luxus-Low-Budget-Wochenende kommen Sie ganz schön rum. Sie übernachten im **Viennart** *(S. 117)*. In der Lobby und im Frühstücksraum dieses Designhotels hängen Bilder von Nachwuchskünstlern. Mit diesem musischen Vorgeschmack sind Sie bestens aufgewärmt für einen Besuch des **Museumsquartiers** *(S. 28)*. Mehr als 20 Museen bieten Kunstgenuss vom Feinsten. Wir empfehlen das Mumok, das **Museum für Moderne Kunst.** Und danach ein Mittagessen in der **Meierei** *(S. 72)*, die zum Gourmettempel Steirereck gehört. Wer nun Lust aufs Stöbern bekommt, der sollte über den **Flohmarkt am Naschmarkt** bummeln *(S. 75)*. Im **Dorotheum** *(S. 88)*, Wiens Top-Adresse für Auktionen und Secondhand-Freiverkauf, findet sich danach bestimmt ein Mitbringsel oder Schmuckstück. Erst essen Sie im türkischen Restaurant **Kent** *(S. 66)* zu Abend, dann geht's zum Kabarett ins **Café Carina** – die ehemalige Jugendstil-U-Bahn-Station ist die schönste Art, in Wiens Untergrund abzutauchen *(S. 96)*.

SO Nach so viel Feiervergnügen beginnt der Tag luftig mit einer Wanderung auf den **Leopoldsberg** *(S. 12)*: Lohn der Mühe ist der grandiose Blick über die ganze Stadt bis hin zu den Ausläufern der Karpaten. Danach geht's zum **Sonntagskonzert in die Augustinerkirche** *(S. 28)* – dort gibt's mal Operetten und Wienerlied, mal Jazz. Lust auf ein ganz besonderes Mittagessen? Wir empfehlen Beef Tartar im **Salonplafond im MAK** *(S. 73)*. Beschließen Sie das Luxus-Wochenende völlig entspannt mit ein paar Runden im **Open-Air-Pool auf dem Badeschiff** *(S. 47)*. Das ist Wellness mitten in der City! Und trinken Sie zum Ausklang noch an der Gastro-Bar des Edel-Frachters ganz genussvoll ein Glas **Prosecco mit Blick auf die Donau.**

LOW BUDGET
LUXUS WEEKEND

| | LOW BUDGET | REGULÄR |

SA

	LOW BUDGET		REGULÄR
48-Stunden Vienna City Card ..	25,00€	Einzelpreis (11 Fahrten)	26,40€
Museumsquartier mit		Museumsquartier ohne	
Vienna City Card, z.B.		Vienna City Card, z.B.	
Museum Moderne Kunst	10,00€	Museum Moderne Kunst	12,00€
Mittagessen Meierei	22,00€	Mittagessen Steirereck	50,00€
Mitbringsel vom		Gucci-Sonnenbrille vom	
Dorotheum	30,00€	Kaufhaus Steffl	150,00€
Abendessen im türkischen		Abendessen bei einem	
Restaurant Kent mit Getränken	22,00€	Edelitaliener	35,00€
Kleinkunst im Café Carina	15,00€	Kabarett Simpl, Mittelloge	48,00€
Frühbucherrabatt Viennart	61,00€	Reguläres DZ im Viennart ...	200,00€

SO

	LOW BUDGET		REGULÄR
Panoramablick Leopoldsberg ..	🐷	Aussichtsterrasse Donauturm .	14,50€
Sonntagskonzert		Galerieplatz	
Augustinerkirche	🐷	Wiener Volksoper	36,00€
Beef Tatar im Salonplafond		Spezialität Tafelspitz,	
im MAK	10,00€	etwa im Plachutta	23,80€
Badeschiff Tageskarte	5,00€	Therme Wien	26,40€
Glas Prosecco mit Donaublick		Glas Prosecco Aussichtsterrasse	
in der Gastro-Bar	2,80€	Hotel Hilton Danube	8,00€

| **GESAMT** .... | **202,80€** | **GESAMT** .... | **630,10€** |

> GESPART   427,30€

SCHNELLVERBINDUNGEN IN WIEN

www.wienerlinien.at